自治体議会政策学会叢書

分権時代の政策づくりと行政責任

佐々木 信夫 著
（中央大学教授）

イマジン出版

目　次

1　テーマについて …………………………………………………… 5
2　予算書を読める議員づくり ……………………………………… 6
3　日本の２つの政府・サイフ状況 ………………………………… 9
　3-1　中央政府と地方政府の財政 ………………………………… 9
　3-2　666兆円の国際的意味ー信用ゼロ国家 …………………… 12
4　小泉内閣の構造改革の歴史的意味 …………………………… 14
5　公共問題と真の政府の役割 …………………………………… 18
6　地方分権改革の意味を吟味する ……………………………… 22
7　市町村合併の推進は？ ………………………………………… 28
8　国と地方に潜む５つの問題 …………………………………… 31
9　「責任」の４つのレベルとアカウンタビリティー …………… 35
10　分権改革の効果に対する見方 ………………………………… 43
11　地方分権を吟味するー集権ではダメなのか ………………… 48
12　能力アップが課題 ……………………………………………… 54
13　住民自治の改革課題 …………………………………………… 58
14　市町村合併に関する３つの視点 ……………………………… 60
15　政策自治体づくりが課題 ……………………………………… 65
16　人材育成の提案 ………………………………………………… 72

著者紹介 ……………………………………………………………… 75
コパ・ブックス発刊にあたって…自治体議会政策学会　竹下　譲 ……… 76

1 テーマについて

　皆さんこんにちは。日頃、議員の方々にお話をする機会もたくさんございまして、いろいろなテーマ、例えば市町村合併の問題であるとか、行財政改革の問題であるとか、地方議会のあり方の問題であるとか、いろいろなテーマをいただきますけれども、今日は「分権時代の自治体経営」という、あるいは「分権時代の地方自治」と大きなテーマをいただき緊張しております。皆さんの10回の講座は、分権時代の議会のあり方を考えようということが、主軸になっているようでありますが、いろいろなお話を申し上げてみたいと思って、今日はやってまいりました。

　自己紹介という意味で申し上げますと、私の職業経験は最初公務員でして25歳から40歳まで新宿に移る前の都庁におりました。ちょうど新宿の移転の頃、別に移転に反対して辞めたわけではありませんが（笑い）、都庁を辞め大学に代わり13年目ということです。

　私はいろいろな本を書きましたけれども、都庁に関しては岩波新書で『都庁』というのがございまして、まだ売っております。あと1年後、新しいものを書く予定にはなっておりますが、91年出版ですのでちょうど10年経ちました。ベストセラーという評判を戴きましたが、大分、時代が変わっておりますので新しいものを書こうと思っております。執筆当時は鈴木都政の時代でありました。鈴木都政の3期目でありましたけれども、それから鈴木都政の4期目がありまして、その後、青島都政というのがありまして、今は石原都政になっているわけであ

ります。まだ、バブル経済が崩壊する直前でありましたので、臨海副都心開発などについても、まだ中止が決まったわけでもないのです。世界都市博などもやろうという時期でありました。それ以後の10年の動きをフォローしながら書こうと思っております。そんな本も、もしよろしければ、岩波新書という赤い小さい新書版ですので、お読みいただければありがたいと思っております。

② 予算書を読める議員づくり

　ところでカリキュラム全体を見ますと、議会のあり方という、多分、議員の先生方から見ると「釈迦に説法」みたいな話を、何度も聞いてきているのではないかと私は思いますので私は少し違う話をしたいと思います。もとよりこれからの自治体にとって、議会が二つの政治機関の一つでありますし、最も大事な政治機関にならなければいけないということは、どなたでもおっしゃっていることだろうと思いますし、私もその点は同感です。地方議会が立法府であるのかどうかという、こういう議論はきちっとしなければいけない時期にきていると思いますけれども、少なくとも町村議会は別としまして、市議会は立法府でなければいけないと思う。

　もとより市町村議会と、一把ひとからげにやってまいりましたけれども、分権時代を考えてまいりますと、町村をどうするかという問題は、そう時間をかけて議論する時代ではなくなってきているように思いますけれども、一定規模以上の、やはり市というものが、身近な政府として、日本の行政の中心になっていかなければいけない。そうした時に、条例を自ら作るにせよ、自ら課税

をするにせよ、あるいは自ら予算編成をするにせよ、決して首長のチェック機関であるというレベルに留まっている時代では、もうないわけでありまして、そういう意味では、国会が果たしてきた役割を、それぞれの地域レベルで自治体が果たすという、そういう意味で自治体は立法機関でなければいけないと思います。

　地方議員について一つの課題は、予算書を読める議員さんをどれぐらい作るのかということが、多分日本の地方議会の改革でいちばん大きいテーマではないかと私は思っております。これは国会でも実は同じでありまして、日本の予算書を読める国会議員の方々が、どれぐらいおられるのかということを考えますと、なかなかそれを読めるようになる勉強の機会がないわけでありまして、そこの開発が遅れています。自分の分野のところしか読めないというのが実態であります。

　そこで、今日は予算書を読むお話というのはテーマではありませんので、直接的にそれを申し上げませんけれども、一つだけ、国と地方の今の財政状況、財政の仕組みというものを少し述べてみようと。

　皆さんにレジュメを渡してありますので、その話に入りたいわけですが、その前に666兆円の、国債地方債残高があるというのは、盛んとテレビ、新聞で述べたり書いたりしておりますので、ご存じだというふうに思いますけれども、この666兆円の数字の意味、重さというものがどの程度なのかということを、考えなければならない時期であります。同時に、小泉内閣は構造改革という名の元に、今一つは財政構造の改革というものを掲げておりまして、例えば地方交付税交付金の、１兆円削減という話も出ておりますし、道路財源の見直し、いわゆる特定財源株の見直しという話も出ているわけであります

が、それに対しては拒否的な反応をしたいというのも、よくわかるわけであります。ただ、やはりご自分の所だけの窓から考えてみましても、なかなか問題は解決しないわけでありまして、国の窓から見ても問題が解決するとも思えませんし、地方の窓から見てもそう簡単に問題は解決するとは思えないのですが、個人や企業では解決できない問題を、やはり政府を作って解決しようというのが、皆さんの働いておられる国、あるいは自治体の役割でありますから、広い意味の政府の役割でありますので、今、日本の政府というものがどういう構造になっているかということを、少し数字で眺めてみたいわけです。

　二つの政府という意味では、国という中央政府と、それから都道府県、市町村に分かれておりますが、地方政府と呼んでおきます。

　国・自治体という政府と市民の基本的な関係は図のようになるでしょう。

市民と政府の関係

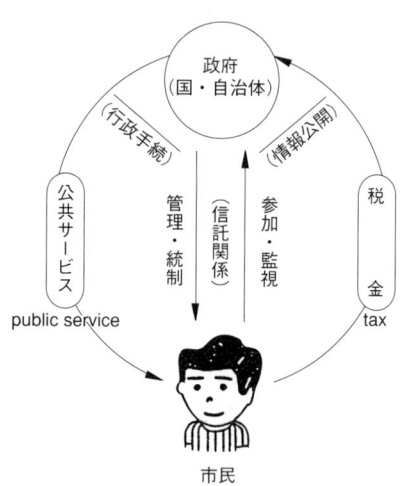

# 日本の2つの政府・サイフ状況

3-1 中央政府と地方政府の財政

　それで、ざっと申し上げますと日本の中央政府は80兆円政府であります。地方政府が90兆円政府であります。総額で申し上げますと、大体こういうことであります。正確に申し上げますと、83兆円対、89兆円でありますが、約80兆円と約90兆円、こう記憶されて間違いないだろう。

　一つは、歳入の側面、歳出の側面。国という80兆円政府の収入と支出を見ますと、ざっと国税収入というものが50兆円。もう一つが、これが収入とは思えませんけれども、自治体の今の単式簿記会計では、収入に出てくるわけでありますが、借金が収入となるところに、実は問題があるわけでありまして、足りなければ借金すれば収入を得るという形にしかならないわけでありますが、ともかく30兆円です。単純に申し上げますと、日本の中央政府の収入はこの二つからなっている。

　支出の方を見ますと、国の仕事と書いておきますが、35兆円であります。逆に申し上げますと、35兆円の仕事しかしていない。それで、二つ目が地方政府、地方へというのが30兆円であります。これは、制度上決められている、地方交付税交付金というのが一つあります。国税5税の一定割合。もともとは、所得税、法人税、酒税の32％というのが、交付税の原資でしたけれども、その後消費税を入れ、たばこ税を入れ、パーセントは微妙に変わっておりますけれども、そこの部分と国庫支出金と言っている、負担金と補助金、その両方合わせたものが30

兆円であります。

　内訳は、交付税交付金が17兆円、いわゆる補助金、負担金を含めておりますが、補助金が13兆円、これだけです。それともう一つが、借金の支払いであります、国債費が15兆円。大きく日本の中央政府の歳出構造を見ますと、この三つであります。

　一方、90兆円と言われる、この地方政府でありますが、地方政府も同じように、歳入と歳出を置いてみよう。皆さんは、こちら側でお仕事をなさっているわけですけれども、3割自治という表現が、どこから来ているかというのは、どなたでもご承知でありますが、いわゆる独自財源である地方税収入、これが35兆円であります。これは一番新しい数字であります。と言っても、平成13年度の数字でありますので、1年経ってみないとわかりませんけれども、収入の見積りとしては35兆円。これは、景気が落ち込んでまいりますと、多分、法人事業税が相当下がってまいりまして、都道府県の収入は減ってまいりますので、35兆円にならない可能性はありますけれども、当初予算では35兆円。それから、国からの移転収入、これが実は30兆円、国から地方へ移転しているわけでありますので、ここに30兆円こなければいけないのですが、これが実は35兆円です。これは、後で説明をします。
それから地方債。地方債は、いわゆる地方の借金であります。起債発行額は15兆円。それの返済に関わる歳出は後述するように13兆円ですが。その他、使用料、手数料等、その他の収入が7兆円。地方自治体の歳入構造を簡便に申し上げますと、それぞれご自分の自治体のことについてはお詳しいでしょうけれども、全体で言いますとこういう仕組みになっているのです。

　地方自治体の歳出は、まず投資的経費。道路を作った

り、橋を作ったり等々の投資的経費が27兆円であります。27兆円のうち、国の補助事業、国からの補助金が出る補助事業と、それから単独事業と内容を分けますと、10兆円対、17兆円です。二つ目に、職員の給与であります。職員という意味で申し上げますと、国の公務員が120万人で、地方自治体の公務員が330万人であります。実は、これは特別職の、選挙で選ばれる公務員の方も含まれておりますので、皆さんも含まれておられる数字でありますが、330万人。330万人に払われる給与というのが24兆円。

　ちなみに、国の仕事の中で国の給与、実は国の仕事には、ここに給与が入っていまして10兆円であります。ということは、国は給与を除きますと、25兆円分しか仕事がないわけでありますが。自治体の場合、27兆円以外に一般行政費があります。いわゆる投資的経費以外の一般行政費、これが21兆円です。それから、公債費ほかとしておきますが、公債費ほかで18兆円であります。つまり、借金の支払いでありますが。このうち、公債費部分だけが13兆円であります。こういう構造です。歳出はこうなっています。

　そこでひとつ、中央、地方関係、国と地方自治体の関係を問題にするときに、この入り繰りが、共通の部分があります。ですから、単純に、ここに仮に国民がいるとしまして、1億2,000万全体でも、1人当りでも結構でありますが、1億2,000万国民は、二つの政府を支えているといったときに、実は、30兆円から35兆円のこのプラス5兆円が、本来でありますと、交付税交付金の17兆円分だけは、この国税の5税の集まった部分から17兆円を作る。17兆円が生まれるという数字であります。

　ただ、そもそも地方財政計画というものを作ります。

旧自治省が中心になって。それで、一定のナショナル・ミニマムを達成するための、基準財政需要額というものをはじきます。計算します。それを満たすように、足りない部分を補うというやり方を交付税でやっているわけですが、実は、足りないわけであります。入ってくる収入は17兆円しかないわけであります。国税収入も、法律上決められた収入は17兆円しかない。しかし、こちらの、特に投資的経費と、一般行政費を賄うための基準財政需要額を満たそうとしますと、あと5兆円足りないわけです。したがって、交付税交付金17兆円に、いわゆる財投から借金をして5兆円上乗せし、22兆円こちらに渡すわけであります。ですから、実は、交付金が22兆円、この中には含まれているという形であります。

　これは、やってはならないことを、ずっとやり続けているわけであります。単純に言うと、景気対策のために始まったのが6年前からでありますけれども、これがだんだん拡大していって、自治体側から見ると既得、経過していったということでもありますけれども。いわゆる、地方交付税特別会計とよく呼んでいる部分がこれであります。特別会計とおこしているわけであります。それで、国民から見ますと、地方はどこへもさらにいくお金はありませんので、90兆円です。国は80兆円でありますが、30兆円抜けますから50兆円です。単純に言いますと、140兆円政府は抱えている。

3-2　666兆円の国際的意味─信用ゼロ国家

　そこで、例えば国債の発行を30兆円以内に抑える。その話はここであります。小泉構造改革で言っている30兆円以内に抑えるというのは、ここの話であります。

これ以上借金はしませんよと、増やしませんよと。そうは言っても30兆円です。それで、地方も13兆円借金をしていますから、国民としては、国が借金しようが地方が借金しようが、借金に変わりはないわけでありまして、大体44、5兆円規模で毎年、今借金をしている状態です。その残高が666兆円になる。これは今年度末の数字です。まだなったわけではありませんが666兆円。この数字は、日本の今の経済力は、GDPが500兆円ですが、500兆円を分母において分子に666兆円をおく、これを仮に借金残高率というふうに言いますと、ざっと135％という数字が出てくるのです。

　それで、例えば国際比較をしますと、イギリス、アメリカが大体50％。ドイツ、フランスが60％。ここ4、5年前まで、世界で最も財政状況が悪いと言われたイタリアが、今100％。一時120％まで上がりましたけれども、回復してきている。日本は現在135％であり、まだこの率は上がる様相にあります。財政規律など完全になくなった日本ですよ。

　長く議員さんをおやりになっている方は、今から20年前、長くなっても結構でありますが、土光敏夫さんを会長に、第2次臨時行政調査会というものを、昭和56年から58年までやっているわけです。1981年から3年まででありますが、この時日本の政府は、財政再建のための行政改革をやると言ったわけであります。このままいきますと日本の政府がつぶれると。その昭和56年段階、土光臨調を立ち上げた時の日本の借金残高率が、60％であります。どうやら、グローバル・スタンダードというのはないでしょうけれども、今日の先進主要国を見ても、借金残高率の60％がデッド・ラインかと。例えばEUに加盟できる条件としてGDPの60％以内の政府債務残高で

あるべきだという事がマーストリヒト条約に定められています。これがグローバルスタンダードかも知れません。つまり、その国の持っている経済力を超える借金を持っている国というのはないわけでありますから、イタリアがそれに近いですけれども、60％で財政再建をやらなければいけなかった。国鉄の民営化とか電電の民営化をやってまいります。これは悪い数字と言うか、いい数字であります。ある意味では。ここで危機感を持って、ここで財政再建に踏み込まない限り、日本の政府は非常に危機的な状況になるという判断は間違っていないです。

4 小泉内閣の構造改革の歴史的意味

　ところが、その後バブル経済の時期を迎え、昭和60年、平成２年まで、1985年から90年でありますが、第２次オイルショック以後の不況。第２次オイルショックは、昭和53年ですから、その後７年間の不況期の後半にこういう強い行革をやります。それが一段落したところで、バブル経済であります。バブル経済というのは、今日言っている話でありまして、当時は平成の好況とか、平成に変わりましたけれども、言ったわけですけれども。いわゆる、大都市を中心に再開発を進めることによって景気の回復を図る。いや、今、小泉内閣が言っている怪しげな部分というのはあるのです。

　つまり、歴史は繰り返していないかということを見ますと、もう一度、小泉内閣の構造改革で言っている、主要三つの柱というふうに申し上げますと、財政の構造改革というのがあります。二つ目は、都市の再生戦略と言っているわけです。大都市の東京、大阪を中心にビッ

グ・プロジェクトをいろいろ立ち上げようとしています。もう一つは、行政の民間化、特殊法人の民営化、特殊法人の改革ということを言っておりますが。

　実は、当時、中曽根内閣でありますが、土光敏夫さんを会長に、財政再建をやったのです。それが一段落したところで、大幅な規制緩和と金融緩和に踏み込みます。金丸信さんを民活担当大臣に置いて。つまり、行革をやっただけでは、経済は成長しないわけでありますし、景気は回復しないわけでありまして、そこで、昭和60年から大幅な規制緩和に踏み切る。その規制緩和の中身というのは、いわゆる都市の再開発の進むことを疎外している要因を、まず大幅に取り除く。

　例えば、神田で八百屋さんが、住んで八百屋さんをやっていますと、日照権を主張するようになっています。人が住んでいれば大都市の中心部でも、日照は６時間以上取らなければいけない。日影条例がかかっています。そうしたものを、例えば１時間といった具合に一挙にはずします。一種住専地域は二種住専に、二種住専地域は住居地域に、住居地域は商業地域というように、高層化するように規制を緩和していきます。

　昭和60年春の、通常国会の中曽根演説というのがあるわけです。イギリスのサッチャー、アメリカのレーガン、そして日本の中曽根、ディレギュレーション（規制緩和）でありますが、この先進国の中で、首都東京のとりわけ山手線の内側は、平均2.7階という、極めて低層な地域である。先進諸国の首都の中でです。そこで、平均５階建てになるような規制緩和を図りたいというのが、中曽根演説です。そうなるようにさまざまな、いわゆる建築にかかっている規制をはずしてまいります。と同時に、金融を緩和していく。

明治以来100年間、日本の経済力から言いますと、公定歩合というのは大体5.5です。日銀が市中銀行に貸し出す利子率は、大体5.5で、景気が加熱してきたら公定歩合の操作としては、これを6.0に上げるのです。景気が落ち込んできたら、大体5％に落とすというやり方をやってまいりました。この昭和60年段階で、5.5％の公定歩合を、昭和62年、2年後には2.5まで落とすわけです。これが大幅な金融緩和でしょう。

　そのことによって市中に大変なマネーが流れ込みます。同時に、規制緩和によって、例えば小さな区画の土地は大きな区画になるように、規制がはずされてまいります。それがまず、昭和60年の夏ごろから始まる、東京の区部の地価急騰現象であります。

　そのころは、国土法に基づく届け出制というのはなかったわけでありまして、例えば東京都は、土地条例を急遽作って、最初は大規模な土地の取引でありますけれども、それが最終的には、100平米の土地の取引まで届け出制にしてまいります。その網をくぐるために、100平方メートル以下で刻むわけであります。実は、バブル経済の時に土地の細分化が進んだというのは、どうしても役所は価格の抑え込みにかかるものですから、届け出をしなければならない状態だと。それを100平方未満に刻みますと届けなくても儲かる。ここまでやったわけであります。ともかく、これで景気は回復するわけです。一時的に。

　最初は、東京、大阪のような大都市でありますが、それが札幌、仙台のような政令指定都市に波及し、さらに各県の県庁所在地に波及し、当時は、合わせるように、やはり過疎地の開発としてリゾート法を作ったわけでありますので、リゾート法に基づいて、例えばスキー場、

ゴルフ場、宮崎のシーガイアもそうでありますが、その種のいわゆるリゾート開発にもお金が流れ込んでまいります。そして、ほぼ投資先を失ったのが90年。この後、バブル経済が崩壊といったわけであります。投資先を失った。泡のようにしぼんでいく経済になります。それから10年でしょう。失われた10年という言い方をしていますけれども、それからやはり景気対策として、もう一度借金経済が始まる状態であります。

　つまり、バブル経済前に、60％の借金残高率に危機感を持った日本の政府は、行革をやった。一時、そこでバブル経済がありますから、これで狂った状態になりますけれども、それが崩壊後10年経っていますけれども、今135％の借金残高率まで蓄積している。こういう国はないでしょう、世界には。

　ですから、政治的にいうと毎年首相は代わっています。いや、昨年の3月の下旬に、私はアメリカへ渡りましたけれども、まだ小渕さんでした。1ヵ月後に森さんになったそうだと聞きました。神の国だとかいろいろな話を聞きまして、11月、加藤政局というのがあるとかいう話でしたけれども。それで、戻って来たら小泉さんでしょう。これは、参議院選挙が終わったばかりですから、3年前の、7月の参議院選挙の時は、橋本内閣だったでしょう。惨敗したと言って橋本さんの後、小渕さんになりました。小渕、森、小泉ときました。3年間で4人の首相でしょ。もっと申し上げますと、93年から連立の時代に入っています。細川連立政権が誕生したのは、93年の夏の選挙です。そこから8年間で7人目の首相です。

　ですから、今年もサミットに行ってきましたけれども、小泉さんは多分来年も会いましょうと握手をしてきたのでしょうけれども、二度と同じ人が行ったためしがない

です、日本は。多分、来年の小泉はないのではないでしょうか（笑）。いやそれは、あった方がいいと思います。もうそろそろ４、５年、同じ内閣で。ただ統計上確率は低いという話。こういう国はないでしょう。大臣の定期異動のような仕方で、総理まで変えていくという、これは、マスコミはおもしろいかもしれませんけれども、国際的な政治信用はゼロであります。極めて政局の不安定な国・日本。と同時に、経済的には、景気の回復がゼロ成長状態であり、その一方で国家財政が、国、地方を含めて大きく破綻するシナリオを歩んでいる。したがって、日本に海外の銀行は投資しないというのは、これを見ればわかりますね。回収のできる可能性が極めて少ない国ですから。

⑤ 公共問題と真の政府の役割

　こういう状況の中で21世紀が始まりまして、これに高齢化云々が加わりますと、どうすればいいのだろうか、なかなか展望を見出しにくい。
　そもそも個人や企業では解決できない問題を解決するのが、国、地方の政府の役割。そうしますと、500兆円経済のうち、公共の役割の議論は140兆円を使っている部分の話であります。後は、民間経済であります。ざっと４分の１。ですから、われわれの公共問題というのは、４分の１なのです。小さいと見るか大きいと見るか。社会主義の国ではありませんから、４分の１が公共問題。
　ところが、なんとなく国全体の雰囲気が、４分の４とは言わないけれども、例えば景気の回復のために、４分の１の部分に非常に焦点が当たります。多分、９月にな

りますと臨時国会を開いて、またぞろ補正予算をという話になるでしょう。もちろん、中身は公共事業ではないのだという言い方はしないのです。やはり景気との戦いの内閣をもたせるための補正予算だと、こうくるでしょう。お金を使うことには間違いはないです。4分の3の民間経済が、一体どうしたのだろう。すべては公共で支えろという、こういう雰囲気というのは異常と言えば異常であります。

　ともかくそれを支えるために、こういう国債の発行というものがゼロであるという時代はもちろんありませんけれども、建設国債の発行に留めなければいけないものが、赤字国債の発行まで、結局普通の状態になってまいりました。つまり、その年の収入が足りないから借金をするということはやってはならないのだという、その法律上の制限というものを取り外して今やっています。緊急事態だということになっていますけれども。だんだん、しかし、それが一般的な状態になっていまして、日本の今の状況から言いますと、ここを圧縮しないと、多分こちらは圧縮できないのです。

　もちろん、国の仕事を小さくすることが可能であればとは言っても、大して大きい仕事はしていないです、国は。120万人の公務員のうち30万人は、実は郵政の職員です。郵便局の職員です。それから30万人が自衛隊員です。ですから、国家公務員と言ってもこの60万人を除きますと、残る60万人です。郵便局の民営化というか、公社化から民営化というのは議論のテーマになっていますから、この30万人の身分は、公社までは国家公務員の身分でいいです。それを民営化になっても、国家公務員を維持するということはないのでしょうから、多分、時代の流れからいうと、これは消えていくのでしょうけれど

●公共問題と真の政府の役割

も、そうしますと国の仕事は、多少圧縮されてくる可能性はあるのです。

ただ、この国と地方の入り組み部分を、一体どうするかといった時に、やはり地方自治体の細流は、いろいろ新税構想を立ち上げて、三重県の廃棄物税だとか、いろいろ工夫をしろと、努力が足りないのだと。ただ、それは大都市等の所であれば、そういう工夫も可能かもしれませんけれども、過疎地を抱えた県を回って見ますと、いろいろ工夫しても結局課税対象は一緒ですから、要するに増税にしかならないのです。ですから、取れるところがないのだというのが正直な話でありまして、そうこれが爆発的に大きくなるとは思えないのです。

そうしますと、この移転のやり方を工夫しようと。つまり、国からの移転ではあるけれども、交付税交付金というのは、人は限定されていないわけですから、自治体側から見ると一般財源として受け取っているわけでありますので、なるべく補助金を減らして、交付税交付金の方にシフトさせていこう。ついては、そういう交付税交付金というやり方を、国から地方に配っているものですから、特にこのやり方が、本来、財政力格差を是正するというねらいで作られているにもかかわらず、今はこうなっているのです。結局、補助事業を実施するためにも地方債の発行を認める。例えば、国が3分の1から補助金をつけませんけれども、補助事業については地方債の発行を認める。その地方債は許可制度ですから2006年までです。地方債を許可するかわりに、その裏負担として最大70％でありますが、交付税交付金で国が返すわけです。補助金を出し、かつ借金をさせ、その借金の7割は交付税交付金で補てんをする。そうしますと、借金をした方が得であります。実際としては。

もう一つは、景気対策のためと言っても、地方単独事業を奨励しているわけでありますので、この単独事業も、ほとんどが地方債であります。金があってやっているわけではありませんので、その最大７割までは、交付税交付金で返す。つまり、地方自治体は10の借金をしても、３しか返さなくていいわけですから、やはり借金をした方が得だと、こうなっているわけです。ですから、いろいろな建物がどんどんできていくという構造であります。そういう交付税交付金、これは第二補助金と言っているわけですが、もう１つ各省が縦割で出してくる補助金も問題であった。しかし、旧自治省が交付税交付金を配分してきたわけですけれども、それを、実は事業の裏負担として使うやり方をしてきた。こういうやり方は、やはりやめようではないか。やるとすれば、国税の例えば50兆円のうち17兆円は交付税交付金でいっているわけですから、ここの部分が、例えば４割なら４割が自動的に地方税収入になるようなやり方を考えたらどうか。

　幸い、この日本のサラリーマンの平均所得というのは、全国的にそう大きくは違わないのです。例えば公務員の給与を見ても、ラスパイレス指数で見ても、100と90、105と90ぐらいの差しかないわけでありまして、大体、今40歳で年収700万円です。どういう地域でも所得税を納めているわけです。一定の基準財政事業額を満たす収入のない地域は、自動的にその地域の国税収入は、地方税収入に振り替えたらどうか。つまり、国の金庫をくぐらないで、そのまま地方自治体に入る仕組みにしたらどうか。こういうことを言っているのが、地方分権推進委員会の税財源グループの座長であった、東大の神野先生です。今度の地方分権推進改革会議にも入っています、彼は。何か、要するにこの入り組みは必要なのだけれど

も、これをなるべくコントロール手段がない形で、この地方の財源収入を拡大していくしかないのではないか。こんなお話になってきています。

 地方分権改革の意味を吟味する

　そこで、こういうことを少し念頭におきながら、分権の議論は、第1次分権改革、第2次分権改革、第3次分権改革と。第2次が今始まったところです。もともとそんなに長くやるつもりはなかったのでしょうけれども、なかなかそう簡単にいかなかったわけであります。

　分権改革はこういう流れになっています。これはもう勉強されたでしょうけれども、95年に法律を作ります。2000年まで第1次分権改革の設計をやった。これは地方分権推進法に基づく、地方分権推進委員会を中心にやった改革です。2000年の4月から、分権一括法と、475本の法律の束を分権一括法と言っていますけれども、そこから第1次分権改革が行われてスタートした。第1次分権です。

　この法律は、実は1年延長して、今年の7月まであったわけでありますが、それが終わって2001年の7月から、今度は政令に基づいて、法律ではなく政令に基づいて、3年間の予定で、ですから2004年の7月まででしょうけれども、3年間の任期を与えて、地方分権改革推進会議という名前にしました。11名の委員が任命されておりますけれども、ここで第2次分権改革をやる。

　これが、どちらかと言えば、権限をめぐる改革であります。権限は何も市に委譲されていないという議論はありますけれども、それは間違いでしょう。間違いです。

今まで、各省の大臣の権限であったものを、知事、市町村長の権限に移しかえたでしょう。県で言いますと、県知事の仕事の8割、ということは、県庁の仕事の、8割が国の機関による処理である。この6割相当部分は県知事の権限に移しかえたわけです。ということは、県は今まで2割の独自の仕事しかしていなかったものを、8割の6割ですから、6×8＝48、約5割です。2割と5割。昨年の4月から現在の県は7割、自己権限の中で事務が処理されるという仕組みに変えたわけです。何も移ってきていないというのはうそになります。市町村は、市町村を十把ひとからげに言っていますけれども、国の機関委任事務の処理が4割だった。ただ、県の再委任事務を大幅に処理していましたから、そういう意味では県も市も8割程度委任事務の処理に当たっていた。そういう意味では、6割から7割、市についても自己権限で処理ができる仕組みに変えたはずだ。これが、いわゆる上下主従関係にある自治体改革の、主要なテーマであったというのが第1次分権改革です。法の世界における改革であります。

　今度始まるのは、そうは言っても皆さんがこれからこの種の議論をしなければいけないのは、どういう日本の、例えば財政から見た設計はどういう設計が望ましいのか。こちらだけを議論してみても始まらない話でありまして、どういう姿が望ましいのかというのは、やはり国民的に議論しなければならない状態です。納める人は一人ですから、こちらとこちらにどういう分配で納めればいいのかという話でありまして、ただ、こちらの方の財布は一つではありませんで、47都道府県3,200に分かれていますから、地域力が財政力格差として表れるものですから、その地域間の財政力格差をどう調整するかとい

う問題はあります。問題はありますけれども、国民として、どの規模の地方政府を持つべきかというのは、しかしこれは、まとめて議論しなければならない状態です。

第2次分権改革は、事務事業に関する役割分担の見なおしと同じに、それにふさわしい財源問題、税財源問題をやろうという話になっています。権限に対して財源だということです。これで、3年たちますと、どういう形に落ちついていくのか。いずれにしても、分権時代にふさわしい税財源のあり方を求めるのだと言っていますから、自治体の独自財源を拡大するということです。セルフ・コントロールを高めていく。つまり、自己決定、自己責任、さらに言いますと自己負担の原則を高めていく。自己負担ができるような地方税財源の仕組みというのは、どういうものがあるのだろうかと、研究会でもいろいろ、皆さんは明治大学の先生などと勉強しておられるようですけれども、その種の議論は拡大をしていくとして。

第3次分権改革というのが、もう一つ想定されているのです。住民自治のあり方です。地方自治の本旨は、一つは団体自治の保証だ。もう一つは住民自治の保証だと。

実は、第1次分権改革も第2次分権改革も何をやっているかといえば、自治体の団体自治としての保証、いわゆる団体自治体の確立、拡大のための改革なのです。それぞれの自治体が、自己決定ができる仕組みにどう変えていくか。例えば、国の仕事を8割も処理する仕組みでありますと、大臣の通達で各知事、市町村長が動く仕組みというのは、どう見てもそれぞれの団体から見ますと、自己決定にはならないわけでありますので、それをはずす。財源についても、自主的に使える仕組みになっていなければ、団体自治は極めて弱いわけです。

そこで、これを第1次、第2次分権改革で、一定程度確立可能な範囲で確立をしていくとして、もう一つこれはどうだろうか。仕組みとしては、そうおかしくないです。日本の地方自治の仕組みは。問題は運用の問題であります。運用の問題ではありますけれども、住民自治の確立というのは、こういう話でしょ。

　団体自治というのは、例えばここの地域は千代田区ですから、千代田区という区域を定めて、この区域の意思決定には他の自治体はかかわらない。例えば、港区がかかわるとか中央区がかかわってはならない。と同時に、上位政府と思われる東京都がかかわることも、国がかかわることも、基本的にはならない。その地域の意思決定は、その地域に唯一の自治体を作って、法人である自治体を作って、その法人を中心に意思決定をするということを担保するのが団体自治の保証であります。この地域の意思決定、例えば千代田区3万7,000人の住民がいる地域については、なるべくみんなで参加して決めよう。戦前のように、多額納税者である地主だけが選挙権を持ち、被選挙権を持つ、大体、住民の5％程度の方々です。こういう方々のみが、地域の政治の意思決定にかかわるという仕組みではなくて、戦前でありますと、例えば男性のみでかつ多額納税者と思われる地主だけで決めたということです。これを地主自治と言っているわけであります。そうではなくて、戦後は男性、女性ももちろんそうでありますし、税金を納める人も納めない人も、一定の年齢に達したら、その方を有権者ととらえて、その方々があまねく参加をして決める。

　この二つが、確かに車の両輪と言っているわけですから、他からの介入を認めないと同時に、その内部においては、あまねく皆さんの意思で物事を決めようと。その

意思で決めるといったその仕組みに、第3次分権改革は、実はいろいろ問題がありますよと言っているわけです。やらなければならないことがありますよと。例えば、直接皆さんにかかわりますが、地方議会というのは今うまくいっているのだろうか。有権者の意思を鏡のように反映するような議会構造になっているだろうか。

例えば、町村というのが2,500ありますが、町村議会の3分の1は、今選挙をやっていないのが実情です。つまり無競争当選であります。非常に高齢者であります。有権者の意思を鏡のように反映している議会になっているかというと、非常に偏りが見られる。

大都市の議会はどうかというと、大都市地域のほとんどがサラリーマンです。ほとんど、ご自分の所から、どこかに通勤をして働いている方々が、実は議員になっているだろうか。サラリーマンが議員になれる仕組みになっているだろうかというと、なっていない。ということは、大都市においても、実は有権者の意思を鏡のように反映しているとは思えないのです。

さあ、そうしたときに、最も身近な議会が、有権者の意思を、鏡のように反映できるような地方議員の選挙制度、あるいは地方議会というものは、どういう形がいいのだろうか。さらに、最近話題になっている直接参加という、例えば住民投票制度というものを、議会との関係でどういう整備の仕方がいいのだろうか。あるいは、様々な直接請求の制度がありますが、例えばリコールにしても議会の解散請求にしても、有権者の3分の1という非常に高いハードルを掲げています。こういうやり方は、本当にいいのだろうか。逆に、50分の1というは非常に低すぎないか。物によってはです。等々ありまして、やはり住民自治を充実させていくといった時に、戦後50年

たった中で、非常に形骸化しているものがいろいろあるのではないか。

　例えば、公聴会も実はそうではないか。さらに、各種審議会がありますけれども、審議会とか公聴会というのは、アメリカからある意味では導入した制度であります。もう一つ言いますと、行政委員会の制度、教育委員会だとか選挙管理委員会だとか、こういうものも、実は首長から一定の距離をおいて、政治的中立性を保って、かつ専門家が集まって合議制で意思決定をするのだという行政委員会を作りながら、事実上は、そういう仕組みになっていない。審議会というものも、素人の行政参加であったり、専門家の行政参加であったりという仕組みでありながら、どうも固定してないかと思うのです。等々ありまして、この住民自治を充実していくために、どういう改革が必要かということを議論しようと。

　あるいは、それぞれご意見はあるでしょうけれども、議員及び首長の多選問題というのをどう考えるかです。例えば、アメリカの大統領にちゃんと任期があります。再選8年までです。どんなに有能だって年しかいられない。日本ですと、どんなに有能でも例えば12年しかやれないというふうに決めた時に、それは憲法違反だと議論する人がいます。そうなのか。憲法違反なのだろうか。それでは、アメリカもイギリスもフランスも日本から見ると憲法違反をやっているのかということです。多選を禁止しているわけであります。フランスの大統領だって2期までしかできない。

　やはりそれは、経験的に政治が腐敗をするとか、民主主義が形骸化してくるとか、特定の層に偏った代表行動しかできないとか、いろいろな弊害をみながらそういう歯止めをしたのだろうと思うのです。日本は、それがい

ずれもできていないわけでありまして、これは府県でも市町村でもです。特に、行政の執行権を担う首長について、多選の弊害というのはないのだろうか。みんなが選ぶからいいではないかという話が、本当にいい話なのかどうかという議論は、やはりまだまだ詰めてみる必要があるのではないか。そこで、法律で決めるのがいいのか、条例にお任せするのがいいのかはともかく、ここをもう一度きっちりとやろうと。大体ここまでいきますと、2010年までかかるのではないでしょうか。

7 市町村合併の推進は？

　もう1つ、市町村合併というのもあります。2005年、平成17年までに3,200の市町村をなんとか1,000にできないかということです。現状は、今671市です。559郡です。郡というのはいまや何の意味もないですが、大正10年までは郡役所がありましたから、県の総合出先機関であった。ただ、郡参事会というのを置いていましたから、一種の議会制度のようなものを郡には持たせておった。これが大正10年に廃止されていますから、もう半世紀以上たつわけですけれども、ざっと申し上げますと、これを合わせて1,000にできないか。つまり、559郡の中に2,500の町村があるわけです。2,500の町村は、大体、郡単位でまとまれないか。同時に、その中心となる市が隣接しているだろうから、そこと一緒になれる所はなれば、これを勘定いたしますと、確か1,230かなにがしになるはずですけれども、大体、これを1,000ぐらいにできないか。

　これも思想があってないようなものなのです。明治21

年から22年の合併でありますと、大体、小学校を経営できる800人単位で一つの村を作るという考え方で、7万1,000を1万5,000にしています。明治政府は、半年間で。それが、戦後復興もほぼ終わった、昭和28年から31年にかけて、今度は新制中学校を運営できる規模として、人口8,000人以上という物差しを定めて町村合併をやりました。そこで、市を500作り出した。そういう物差しから言うと、郡がまとまって一つになればいいのではないかという話は、ちょっと思想がなさすぎるようには思いますけれども。適正規模論でいうと、いろいろ計算をすると、15万から30万が適正規模であるとかいう数字はいくつも出まして、そういう計算もして、いろいろ各県は合併モデルを作ったはずですけれども、現実には、しかし、まとまれる所しかまとまれないというふうになってまいりますと、まとまれる最も可能性の高い所は、郡単位ではないか。こういう議論なのです。

　歴史の流れから言うと、例えば、高校を経営できる単位はいくらかです。小、中、高とくるならです。それは10万人です。でも、あまり高校を中心にまとまるという考え方は、今の時代はありませんから。こんな話をしているのでしょう。

　それは、第2次分権改革が終わるあたりを、にらんでやっているわけでありますけれども、少し時間がかかるかなと私は思います。ただ、そうは言っても、こういう財政状況から見ていったときに、3,200にこれを細切れに刻んで、47都道府県体制もそうでありますけれども、果たして、行政が今後うまく回っていくのかということを考えると、もう一度再編はしなければいけないというふうに、私は思いますけれども。

　これは計算上は、10万人の市と2万人以下の町村では、

5倍のコストの差が出るのです。ですから、5倍コストをかけても町がいいのだという議論をするなら別であります。持ちこたえられるならいいです。国民が持ちこたえられないとすれば、公共に使うお金は、やはりこれ全体として140兆円ということ自体が大き過ぎますから、多分、100兆円でいいのだという、こういう議論をしたら、国がどれぐらい、地方がどれぐらい使う形が望ましいのか、こういう話をしないと、多分、高齢社会で税金を納める主体が小さくなっていくということは、納める人たちの重税感が非常に多くなってきますから、それでかつ、この現在の140兆円を支えていけというのは、相当過酷な話だと思うのです。ですから、政府は小さくせざるを得ないのではないでしょうか。納税主体が小さくなることと合わせて。

　今の厚生労働省の、人口問題研究所の予測ですと、2050年で6,000万と言っているのです、人口が。あと50年後、半分になると言っているわけです。これも考えてみますと、100年前、皆さんの市町村制度ができたのが明治22年ですから、100年前に人口が3,300万人です、日本は。3,300万人がこの1世紀で4倍に膨れ上がったのです。1億2,000万と言っているわけでしょう。これが、半世紀後に、例えば6,000万人という半分に落ちたとしても、明治の半ばから数えますと、まだ2倍の人口です。ですから、その国が持つ適正人口というのは、多分、落ちつくところに落ちつくのでしょうけれども、総じてみると、アジア型の人口爆発です。日本はその先頭を切っているだけであります。つまり、農業国家が工業化に成功して、1回人口は増えるのです。そのあと落ちついてまいりますと、やはり人口は減るわけです。ただ、問題はそれが急に増え、急に減るというところにさまざまな

問題があるわけでありまして、今の高齢者比率はスウェーデン並みと言っていますけれども、スウェーデンが今後25とか30に高齢者比率が上がるという予測はないのです。日本はそうなるという予測でありまして、やはり急激な変化が伴うひずみが問題なのでしょう。逆に申し上げますと、2050年、この中でどなたも健在であるという保証はありませんけれども、これだけストックを持った国において6,000万人で暮らすというのは、極めて豊かな国だというのです。ですから、人口が減っていくこと自体が問題ではない。ただ、今の状態を政府として維持しようとしますと、非常に苦しい状況になっていくということなのです。

そこで休憩をしなければいけないのですが、この後は少し、地方に特化したお話に戻しましょうか。まだいいですか。それでは、レジュメをせっかく用意させていただきましたので、レジュメに沿ったお話をしてみたいと思います。

この第1次分権改革というのは、そういう意味であります。95年から2000年までのこの改革は、まずは自治体の上下主従関係から対等協力関係に、国、地方を置き換えるための改革を行うと。とりわけ、権限の測面の改革を行うということをやりました。

国と地方に潜む5つの問題

確かに、国と地方の間に五つの問題があると言ったわけです。これは地方分権推進委員会の中間報告で整理したものでありますが、これはもう皆さん何度も勉強されているでしょうけれども、一つは、国と地方の間に上下

主従関係がある。

　二つ目は、自治体の首長に二重の役割を負わせてきた。つまり、地域の政治代表であると同時に、国の地方機関であるという役割が、実は極めて大きかったのです。例えば、知事の役割の8割は、国の地方機関であった。国の地方機関というのは、各省大臣の部下なのです。したがって、通達で動くという、こういう上下主従関係です。

　それから、三つ目の問題としては、責任の所在が極めて不明確な国である。つまり、国が設計し、地方が実施をし、結果責任は国と地方が共同責任だという仕組みです。この共同責任だと言ったときに、アカウンタビリティーの議論は、例えば、説明責任はどこが負うのか。

　例えば、昭和36年に農業国でしたから、農業国の、一つの農業の構造改善というのをやります。基本法を定めて。日本の公務員の中で、国でも郵政とか自衛隊を除きますと、いちばん農林関係の職員が多いのです。県の公務員の中でも、農林関係の職員がいちばん多いのです。市が町村でもそうなのです。実は、農政にかかわる公務員が圧倒的に多かったわけであります。補助金も、三大補助金と言ったら、農林と建設と教育、文部だったのです。その後、厚生福祉であり、農林であり、建設なのです。いずれも農林が入っているわけであります。現在でも入っているわけです。これだけお金を使って、昭和36年の基本法農政の趣旨を見ますと、農業の近代化と言っていますが、自立した農家を作るのだと。これは政策目標です。そのために二つのことをやる。一つは規模の拡大だと。これが農業の構造改善事業でありました。もう一つは、機械化を進める。つまり、少ない労働力で高い生産性を上げるという意味が、農業の近代化と言ったわけですから、機械化農業を進めるのだと。この機械化農

業の推進と構造改善事業に、膨大な人と膨大なお金を使うわけです。それで40年やった結果、自立した農家はどれぐらいできたのだろうか。変形の田んぼは真四角になり、畑は確かに田んぼになりましたけれども、良好な水田地帯ほどみんな住宅地になったでしょう。ですから、日本の農政は、とりわけ構造改善事業は住宅開発のためにやったという話なら、それは税金を無駄に使っているということになりませんけれども、農業の近代化のためにやったはずでありますから、これは見事に失敗しているわけでしょう。

　しかし、これを設計したのは、やはり自治体ではなく国です。特に、アメリカ農業がイメージにあったかもしれない。私は昨年見てまわりましたが、それはアメリカをご覧になりますと、大規模で100ヘクタールぐらいずつそれぞれ持って、お隣の家までがとても遠いですから、しかも家の回りは機械だらけで、確かにそれは工場みたいなのです。こういう農業をやっていますから、今でも。特にカリフォルニアなどを見ますとそうでありますが。そういうものが農林官僚の頭にはあったのかもしれませんけれども、とにかく、国が設計をし、自治体はそれに基づいて補助金を出し、行政指導をやった。

　結果において、plan（プラン）・do（ドゥ）・see（シー）のシー、この農政の目的は実現されなかったといった時に、一体これはだれが説明責任を果たすのか。日本の農政は住宅開発であったとおっしゃる方がいれば、別です。多分、農林官僚はそうは言えないわけでありまして、それなら農林省はいらないという話になるわけでありまして、やはりそれは農業のためにやったと。しかし、日本の農政は失敗だったと言って、例えば補助金の無駄な支出であったと言って、割勘でお金を返すということをや

ったかというと、そういうことをやるわけでもありませんし、自分たちの行政指導は間違いであったと言ってお辞めになった公務員がいるわけでもないのです。結局、あいまいなまま今日まで来ている。こういう行政のやり方というものを、いつまでも続ける時代ではないだろう。

　したがって、国の仕事は国の仕事で明確化し、県の仕事は県の仕事で明確化し、市町村の仕事は市町村の仕事で明確化しないとならない。これができない仕組みになっている。したがって、行政責任が不明確だ。

　確かに、日本の中央集権といっても、社会主義の国の中央集権とは違うのです。また分権といっても、アメリカ、イギリスのような分権を目指しているわけでもないのです。多分、北欧型だと思うのですが。4種類あるわけです。実は、形態としては。集権融合型と言っていますけれども、今までの日本はフランス型であります。国が上位にあり、自治体を下位に置いて、国が設計した仕事の多くを自治体にやらせる。したがって、補助金制度と機関委任事務制度が必要なのです。これは20年前までのフランスであります。そもそも明治時代、日本の地方自治というのはフランスをモデルにスタートしていますから。戦後はアメリカの影響で、アメリカ、イギリスの地方自治のよう条文が書かれていますけれども、内容はフランス型です。依然として。これをなるべく切り替えていこうということをやっていますけれども、これはアメリカ、イギリスを目指して今後いくわけではない。

　つまり、国とのかかわりを一切切断をして、国の仕事は法律で書いて50本、県の仕事は法律で書いて70本、市町村の仕事は法律で書いて100本。それぞれが個別に動くのだという仕組みを考えるわけではないのです。国も一定のかかわりをする。しかし、内容にはかかわらない。

かかわり方としては、結局、外形的なかかわり方として、これだけ不均衡発展した国の意図は、やはり財政力格差の是正というものは、国の役割だと。

　もう一つは、政策のレベルに極端な凸凹があることがいいかということです。それは、アメリカのようになりますと、福祉の充実した地域と、しかし一方では、教育のレベルが非常に低いのです。こういう地域を作ることがいいのだというふうには、どうも日本国民は考えない。したがって、一定のガイドラインを示す。国としては。それに、いろいろなアクセントをつけるのがそれぞれの自治体であるのです。政策のガイドラインを示すと、自治体の財政力格差の極端な格差を是正するという、この二つのかかわり方はあった方がいい。

　しかし、内容の設計についてプラン→ドゥ→シーの部分について、自治体の役割は、やはり自治体が独自に果たすべきだ。多分、これが北欧型なのです。そういう分権を、多分目指していく。整理していくと、そういう話になっていくのだろうと思いますけれども。

❾「責任」の４つのレベルとアカウンタビリティー

　そうしますと、このプラン・ドゥ・シーのsee（シー）という、結果について自己責任を負う、自己責任を明らかにする。特に議員さん方には、後で四つのレベルの責任という話を申し上げますが、アカウンタビリティーというのもその一つですけれども、責任というのは通常、レスポンシビリティーと言っているわけでありまして、アカウンタビリティーというのは、実は異常な状況を指しているのです。ノーマルな責任の議論ではないです、

アカウンタビリティーというのは。例えば、外務省がアカウンタビリティーを果たしなさいと。例えば、外務大臣がアカウンタビリティーを果たしなさいと言った時は、今の状況ですとアカウンタビリティーの議論になるのですが、何もない時代に外務大臣がアカウンタビリティーを果たしなさいなどという話はないのです。大事な問題ですので少し整理しておきましょう。

特に、議会で執行機関に対して、いろいろ執行機関の姿勢をたださなければならないというのが、議会の一つの役割ですから、決定以外にも干渉する、統制をするという役割がありますから、責任は四つのレベルで考えなければいけない。

本人と代理人、これで責任を説明しようと。本人というのは住民、国民です。それに対して代理人は、皆さんも代理人でありますが、公共問題について個人や企業では解決できないから、専門家に委ねましょうと、これが公務員。それは、特別職であろうが一般職であろうが、公務員であることは間違いない。これが実は、責任が四つのレベルで説明されるというのは、例えば、本人に対して弁護士さんという関係でもいいのです。自分ではやれないから、法律の専門家である弁護士さんにお願いするというとらえ方でも結構ですが。

まずは、①任務的責任、これが第一例。先に書きます

4つの責任レベル

① 任務的責任
　↓
② 応答的責任
　↓
③ 弁明的責任
　↓
④ 制裁の責任

が、二つ目に②応答的責任。三つ目が③弁明的責任。四つ目が④制裁的責任。この四つです。(図を参照)

そこでまず、代理人が負う責任でありますが、代理人が本人に対して、まずは頼まれた仕事をきちっと全うする責任、これを任務的責任というふうに言う。代理人が本人から以来した仕事をきちっと果たす責任。これは、個別に依頼されるという意味ではなくて、例えば法律できまっていること、公務員の方が本来果たすべき仕事があります。これをまず果たすことを任務的責任と。

二つ目に応答的責任。実は、これは段々深くなっていくのですが、頼まれた仕事を本人の指示に従って、ただ頼まれた仕事を勝手にやればいいというのではなくて、本人の指示に従って、つまり、本人が要求している方法に従って仕事を遂行する責任。これを、応答的責任。

通常の責任は、①、②、ここでぐるぐる回っていくという話だけです。つまり、頼まれた人は、頼んだ本人に対して仕事をきちっと果たす。しかもそれは、指示に基づいて仕事をきちっと果たす。その責任を果たしますと、頼んだ本人は満足である。ここまでのレベルをレスポンシビリティーと言っているわけです。通常の責任は、レスポンシビリティーでぐるぐる回るのです。これは、アカウンタビリティーとは言わない。

アカウンタビリティーというのは、実はこの先であります。頼んだ本人が不満な場合。つまり、本人が代理人の行為に対して不満な場合、例えば、国民が外務官僚の行為に対して不満な場合でもいいです。あるいは、県民が県の職員の行為について不満な場合、例えば、会議費、食糧費を勝手に使っているとか、外務省の役人が機密費か何かわかりませんけれども、サミットも800億円をか

●「責任」の4つのレベルとアカウンタビリティー

けてやったそうでありますが、アメリカではほとんど話題にならなかった。アメリカ大統領のクリントンなどは、会議の終わり際に、ちょこっと来て帰っていっただけでしょう。アメリカではほとんど話題にならなかった。しかし日本では、サミットは大騒ぎだったのです。しかも、そこでいろいろなことが行われていたことのようでありますけれども。

ともかく、頼んだ本人が不満な場合に、なぜそういう結果になったかということについて、本人が納得いくように弁明、釈明をしなさいと。それに答える責任を弁明的責任と言っているわけです。つまり、頼んだ本人が、疑問、不満に思っていることを解消する責任が、弁明的責任。これをとアカウンタビリティー言っているのです。アカウンタビリティーというのは、この場面を指すのです。

この言葉も6年ぐらい前からです、日本で。まずは、企業が先行しました。例えば、銀行が破綻をする、商社が破綻をする、百貨店が破綻をする。あるいは合併等をしなければならない。あるいは総会屋対策でいろいろな不正が行われた。重役さんが並んで、悪うござんしたと記者会見をする。あれは何の行為かといえば、株主及び国民、消費者に対して、アカウンタビリティーを果たそうとしているわけです。果たそうとしているのですが、しかし、果たせなかった場合に、つまり頼んだ本人が不満を解消することに応えきれなかった場合に、最終的には制裁を自ら負わなければならない。それが多分、記者会見をして「辞任をします。」とか、「深くお詫びを申し上げます。」とか、あの種の話です。お詫びをする必要はないのですけれども、弁明責任を果たせなければお詫びしかないです。お詫びか切腹か、日本の文化からいい

ますと。あるいは、不正支出であれば返すという話でありますけれども、これが、弁明的責任を果たせない場合に最終的に代理人は制裁的責任を負わなければならない。この弁明的責任を負う、これをレスポンシビリティーと呼んでいるわけです。

　そもそもアカウンタビリティーが問われるのは異常な状況ですよ。異常な状況と申し上げるのは、アカウンタビリティーを問うというのは単なる説明責任ではなくて、例えばこの公共事業について、あのダムはいかがなものかという、この種の議論というのは、通常もあっていいわけです。それは、いろいろ防災上のためにも、水の供給のためにもダムも必要で、みんなの合意が出ていれば何の問題もないのですけれども、それは無駄な仕事ではないかという話になりますと、無駄ではないということを答え切らなければいけないわけでありまして、答え切らなければ、いろいろダムをやめろとか、その設計をした人が問題だとか、こんな話になってまいります。アカウンタビリティーというのは、実はこの場面であります。

　特に、経済が順調に回っておった時代は、あまりこういう問題は、みんなが幸せになれる可能性があったでしょうけれども、みんなが幸せになれない可能性になってまいりますと、やはりこの種の、一方がよくなれば必ず他方にしわ寄せが及ぶ社会というのが成長しないゼロサム社会ですから、これがさらにマイナス社会になっていきますと、いろいろ出てくるでしょう。ただ、多分これは、民主主義にとっては必要なことなのです。

　この辺がわかったというのは、要するにプラン・ドゥ・シーと申し上げているのです。政策を設計し、実施をし、結果責任を負うという、このシーという部分を日本

●「責任」の４つのレベルとアカウンタビリティー

はあまりにもしなかった。

　例えば、三重県の北川知事などが、今注目されているのは、結局、行政のやり方の違いですね。プランにはみんな熱心になる。今まで、例えば財政で言いますと、予算編成はみんな熱心になる。しかし、結果について決算委員会は、みなさんもそれは予算書どおり決算が行われていれば問題はないではないかという議論をしましたけれども、あの方が問題にしたのは、県庁に6年前に当選していって、役人の方々は「予算を消化する」という言葉を平気でおっしゃる。「予算を消化する」というのは常識であろうか。世の常識であるのか。つまり、家庭で「予算を消化する」ということを言うだろうか。企業で「予算を消化する」ということを言うだろうか。役所だけではないか。

　つまり、当初の見積りどおりお金を使い切ることがベストだという、こういう考え方はだれが作ったのかというのです。納税者がそんなことを頼んでいるとは思えない。そこで、やはりここの結果について評価をし、いらない仕事はやめるのです。余計かけている仕事は見直す。こうしないと、予算がどんどん増えていく時代なら、それはプランのために新しいお金が回ってきたとしても、お金が増えていかない時代の仕事の仕方としては、やはりここから仕事をスタートさせるやり方をしないといけないのではないかというのが、事務事業評価システムの導入の話です。それが、国の各政策評価法という、今は、総務省に評価局というのができていますけれども、国の公共事業についても全部評価をしなければならないという流れに、ここ6年変わってまいります。これはある意味で大きい行政革命なのです。ものの考え方です。

　ですからそれぞれの議会でも、本来アメリカ型の国会

を作るとすれば、ああいう評価局というのは会計検査院も含めて、国会の付属機関として作るわけです。これはGAOと言っているわけです。やはり、国会の役割としてきちっと執行機関が行った行為を評価するというのが国会の役割ですから、チェックするだけでなく評価するということです。その専門機関を持つ。

　ですから、これは地方議会でも同じ話でありまして、むしろ地方議会の方が国の議院内閣制ではないだけに、アメリカ型の議会制度に近いです。つまり、首長と議会が対等な二元代表制の政治機関ですから、議会が首長を生み出しているわけではありませんので、これはある意味では対立してもいいわけであります。あるものについては。そういう意味では、決算委員会が熱心にならなければいけないということなのです。

　そういう意味では、監査制度も、ここの議論につながる話ですけれども、第３次分権改革のところで。監査委員という制度は、それは議員さんが兼ねておられる。もともと議会の役割で明治時代に始まっていますから、そこはやはり専門家が必要だと言って監査委員制度を作るのですが、執行機関を中に作ってしまうのです。そうしますと、委員の任命から含めて、どう見てもカウンター・パワーにならないわけです。ですから、これはもう一度原点に戻って、監査委員制度をやりなおすとすれば、議会の付属機関として作らなければだめだと思います。責任の議論をしますと、アカウンタビリティーというのはこういう話です。

　中央、地方関係に五つの問題があるというところの、三つ目をお話し申し上げて、少しお話が深くなってしまいましたけれども、上下主従関係と首長の二重の役割と行政責任が不明確なこういう仕組みが問題だということ

●「責任」の４つのレベルとアカウンタビリティー

です。これを明確化しようと。

　四つ目は、自治体の狭い裁量権。地域の特徴とか、住民のニーズに沿った行政ができにくい仕組みになっている。それはそうです。

　それから、国の縦割行政の弊害です。議院内閣制が持つ構造的な弊害が、実は、県市町村まで縦に貫通して硬直した行政システムになっている。これをやはり、柔らかくしなければいけない。こういう五つの問題を解決するために、どういう改革が必要かと言ったときに、一番大きく打った手が、機関委任事務制度を全廃すると。671種類の国から自治体に委任をしている、上下主従関係を構造的に作り上げているこの制度を全部廃止するというのが、まずはスタートだとやったのです。これは、廃止されたわけです。制度としては。

　ただ、目に見えるものではありませんけれども、実務レベルでご覧になりますと、大臣は通達を出せないわけです。上級官庁、下級官庁の関係でなくなりましたから。ただ、自治体がそれぞれ6割近くは自治事務になっているわけですから、例えば県でありますと、知事が自分の責任において決定をし、執行をすればいいのです。ところが、今までは国の仕事であったものが突然県の仕事になったものですから、職員から見ますと蓄積がないものですから、やはり通達が来ないかなと思っているのです。通達は出せないのですが、通達は出せない代わりに事務連絡なのです、今は。ですから事務連絡は来ないかなと言っているわけです。事務連絡というのは、何の効力もないのですけれども、通達に類するものを自治体が欲しがるというのが、今の実態であります。

10 分権改革の効果に対する見方

　この機関委任事務制度を廃止して、自治事務を拡大したということは、地域にとって不用な仕事はやめていけばいいのです。その自治体の判断で。拡大をする方が、例えば農業県にとっては、あるいは農業地域にとっては、農業関係の仕事は大事ですから拡大をすればいいのです。都市地域にとっては、それは不用でありますから縮小廃止をすればいいのです。あるいは、合併、統合した方がより仕事がうまくいくというものは、それをまとめればいいのです。この種のフリーハンドを与えた。だと思って仕事をする人たちと、全く今までと変わらないと思って仕事をしている人たちでは、10年たったら相当な差が出てくるだろうと言われています。いずれにしても、自由にしたわけであります。この機関委任事務制度を廃止と、それから地方への関与、通達等の関与を縮小廃止した。

　さらに必置規制です。必ずこういう職は置かなければいけない、こういう組織は置かなければいけないという、こういうことを大幅に縮小しました。例えば、今までですと、どんな小さい図書館でも公立の図書館には司書を置きなさい。今は、司書を置かなくてもいいのです。事務の人でもいいのです。例えば、保健所長は医師でなければいけない。県の保健所です。市にもありますけれども、これははずし切れなかったのです。でも、よく考えますと、保健行政は医師でなければならないかどうかです。いや、保健所に医師はいなければいけないです。それは、技術者としてというか、医療の専門家として医師

はいなければいけないのですが、必ず所長が医師でなければならないという、こういう必置規制は本当に正しいのだろうか。つまり、保健行政に精通しない、例えば病院の院長は必ず医師でなければいけないという話と同じであります。本当に医師が、病院の経営にたけているだろうか。たけている人だけだろうかというふうに考えますと、医師が一人しかいない保健所というのはあるわけでありまして、必ずこれは所長になります。しかし、どうも保健行政がうまくいかないという弊害がありました。ほかの技術の人でもいいのではないか、事務の人でもいいのではないか。ここまで必置規制をはずそうとしたわけです。

　ただこうなりますと、例えば、大きい大学の医学部には、公衆衛生を専攻する、いわゆる臨床系の医学ではない、予防医学の医者を養成している学科があります。金沢大学とかどこでもあるのですが。特に、公衆衛生学会が反対をして、結局保健所にいく医師がいなくなる。みんな所長になりたくていくのかどうか知りませんけれども、そういう運動でこれは止まるのです。こういう圧力で、はずし切ってはいないのです。

　ただ、ご覧になりますと、相当大幅に必置規制ははずされています。図書館の司書などははずされています。保健所長の医師でなければならないというのは、はずれていませんけれども、それも議論の対象にした。

　あるいは県でありますと、農業改良普及員とか生活改良普及員というのがあります。それも必ず置かなければならないというのをはずしたわけです。だって、東京都まで農業改良普及員というのがいるわけですから。それは、小笠原などの島もありますから農業をやっている所もありますけれども、ほかの県のように一定の農業人口

があれば別ですが、東京などをみると、これぐらいの数の農業改良普及員、生活改良普及員を置けというのを法律で決める必要はないわけです。それは知事の判断で、やめるところはやめればいい。これは、やめるようになったのです。こういう地方への関与の縮小廃止ということをやった。

　もう一つは自治立法権の拡大といったわけであります。法律で決めることよりも、条例で決めることを拡大する。それは、例えば税金についても、法定外目的税だとか法定外普通税を作れるようにした。

　さらに申し上げますと、国と地方を対等、協力の関係に置き換えることによって生じてくる問題。つまり、国と地方が対立をした場合、意見が合わなかった場合、例えば横浜市が場外馬券に課税をしたい。地方税として、6億か7億の収入になるそうであります。しかし、今までの仕組みでありますと、国が許可しなければそういう法律は作れないわけですが、国はやめろと言っているのです。国の税制を乱すからやめろと言っている。しかし、横浜市は作りたい。それをだれが裁くのか。今まで裁判でやるしかないわけですが、国と地方の紛争処理委員会というのができているわけです。総務省に行きますと看板ができていますが、国地方紛争処理委員会、正確には、係争処理委員会と書いてありますけれども。紛争ではなく係争。ここで、やはり自治体側が言っているのが正しいか、国側が言っているのが正しいかを、第三者機関として判断をする。こういうふうに国と地方が紛争状態になった場合に、第三者として裁く機関を作ったのわけです。これもある意味では、国と地方自治体を対等協力関係に置くための一つの装置であります。

　こんなことを第一次分権改革では行っているわけです

が、皆さんの世界から見ても行財政というわけでありまして、行政の部分の改革をしても、財政の部分の改革が進まないと、やはり車の両輪になるわけでありまして、財政の部分はほとんど手つかずのままです。

　補助金制度についても改革したことになっているのですが、それは補助金を申請する手続きの簡素化しかしていないのです。例えば、補助金をまとめて総合化するという、この種のことはやっていないわけであります。あるいは公共事業についても、例えば国道でも、県内で完結する二百何番という番号の大きい国道については、県内の幹線道路でありますから、それは県を越えていかないわけでありますので、それぞれの県で意思決定をしていいのではないかというところについても、しかし、今の国土交通省は、権限を委譲していないのです。港湾についてもそうです。空港についてもそうです。

　この種のことについては、まだ残っているわけであります。これは全部、お金が後ろに絡んでいるわけでありまして、税財源についての改革は、第二次分権改革に委ねたという意味で、今申し上げた上下主従関係とか権限の明確化だとか、その種のことも、やはり財源部分の改革をして初めてきれいになってくるのでしょう。そういう意味で、3年が必要なのです。きちんとやれるかどうかわかりません。

　これもやはり問題は、議員生活をおやりになってわかると思いますが、七百数名の国会議員が、本当に分権時代の到来を望ましいことと考えているかということです。望ましいと考えていますか。つまり、中央地方の入り繰り関係がなくなると（補助金等）、彼らはどこで腕を見せるのか。彼らは今どこで仕事をしているのか。日本国政府のこれからのあり方を議論しているわけです

が、しかし、特に衆議員に小選挙区制度を導入したことによって、衆議員の小選挙区の議員さんは、金、銀、銅、鉄、鋼まであるのだそうです。金銀銅だけかと思ったら、5種類、議員さんは実は種類があるのだと言っていますけれども、小選挙区から選ばれてくる衆議員議員が金だと言っています。一番望ましいのだと。一番、要するに実力があるのだということなのでしょうか。しかし、30万人単位で選ばれる仕組みを作ったがゆえに、ご当地ソングをやり過ぎないか。ご当地ソングというのは、外国の話では、どうもないわけでありまして、やはり地域レベルの話でありまして、補助金だとか公共事業等々、いわゆる地域の利益の最大化のために行動するのがベストだと。それは、次の再選にもつながるという行動を、より強めてしまったのではないか。こういう仕組みを一で作りながら、分権時代は望ましいという改革に、本当に、例えば税財源の改革をするときに全部法律改正になるわけですから、国会で骨抜きをしないだろうかというところが最後の問題なのです。

　ですから、専門家の委員の方々はきれいに、仮に制度設計を、各国を見て、例えば財源調整を垂直調整でなく水平調整がいいのだと。例えば、全国知事会とか全国市長会に財源をプールして、そこでテーブルを囲んで、第三者機関を作るかどうかはともかく、国の権限ではなく、自治体の財源で自治体が相互に話し合って決めるのだと、こういうドイツ型の水平調整が望ましいのだという絵を描いたとして、そういう法律を本当に通すだろうかというところが問題なのです。

　公共事業の第1次分権改革の時も、結局は、後ろに回って建設省の反対の応援団というのは、全部族議員です。結局、金目の部分が権力の最後の砦なようでありますの

●分権改革の効果に対する見方

で、権限の部分ではどうもないようであります。ですから、ここ3年間、本当にそういう改革をやる内閣があり、そういう世論があって、それに反対するような国会議員なら選挙に勝てないのだという雰囲気でやらないと無理でしょう。それが小泉内閣かどうかは知りません。知りませんが、少なくとも橋本内閣ではない感じがします。
（笑い）
いや、それも橋本さんには行革ですけれども、そういう雰囲気があります。そういう意味では極めて政治的な部分に、これから入っていくでしょう。

⑪ 地方分権を吟味する ―集権ではダメなのか

　レジュメのまだ最初におりますが、後はトントンといきますが、分権効果への期待と。何を期待しているのだろうか。これは、住民、国民からの期待でありますが、一つは、四つの期待とあえて申し上げておきますと、国と地方の関係が変わる。まず、一つの期待です。国と地方の関係が変わる、上下主従から対等協力へと言ってもいいかもしれませんが。
　二つ目に、行政が変わる。集権のメリットというか、集権体制で何が問題であるのか、問題はないのではないかという議論をする人もおられますし、気持ちとしては確かにわかるのです。集権の論理、つまり、中央集権体制は何のメリットがあるかという話でありますけれども、一つは、行政の世界に統一性を実現できる。さらに、公平性を実現できる。例えば、北海道から沖縄まで、どういう所に住んでおられても、公平なサービスが受けられるのです。あるいは全国統一的に、例えば福祉サービ

スを実現できる。統一性、公平性、それから、国が強いリーダーシップを発揮できる。これが集権の長所と言われるものです。

　それに対して、分権の論理。行政が変わるというのは、実はここの話であります。分権に切り替えていった場合に、何を期待するのか。これは、統一性と対立する概念ですが、まず行政の世界に多様性を実現していこうと。例えば、3,200市町村があるなら、3,200通りの町づくりがあっていい。一つの物差しではなく、多様な物差しで。

　さらに、やはりスピードアップが必要だ。行政の世界に迅速性というものを実現しようと。問題が発生しているところで、自分で決定して問題を解決する。国に陳情請願をし、法律を変えていって3年、5年かかるという仕組みは望ましくない。迅速性だと。

　さらに、縦割行政の弊害というものを、取り除ける仕組みを持っているのが大統領制度でありますから、なるべく行政サービスは総合化して提供する方がいい。例えば、福祉の町づくりという、こういう議論ができるのは自治体で、中央政府は国土交通省と厚生労働省は分かれたままであります。自治体なら、例えば皆さんが常任委員会をそういうふうに設定すれば、その中で議論ができる。これができるのが、やはり自治体なのです。

　そこで、多様性、迅速性、総合性というものが発揮できる仕組みに制度的に変えていこうというのが、分権改革のねらいであります。そこで、こういう多様性、迅速性、総合性を発揮できるように行政が変わるということを、分権効果として期待しようと。これは公的介護保険制度の始まりなどを見ると、必ず揺り戻しが来ます。某元政調会長などは統一性しか頭にない人でありますから、例えば町村の陳情を受けて、格差があることが問題

だと言って、すぐこの話になります。これはやはり、長らくやっていますから、国の官僚の中にもやはりこういう統一性、公平性というものを物差しにしようとした人たちが多いわけで、自治体が意識して、多様性、迅速性、総合性を発揮する行政を行っていかないと、必ず揺り戻しが来るのです。

国際的に見ると、分権が行き過ぎた国というのは、今、集権の議論をしているのです。日本は集権が行き過ぎたから分権の議論をしているわけです。例えば、アメリカ、イギリスのような所は、どちらかと言えばバラバラになり過ぎた。統一できるものは統一しようという集権化の動きです。フランスとか日本、お隣の韓国などは、集権化が進み過ぎたゆえに分権化の議論をしています。

ですから、絶対的に分権化がいいとか、絶対的に集権化がいいという話は、多分ないだろうと思う。この世界に。どこかで調和というのはあるのでしょうけれども。

集権に戻す。戻すというか集権に委ねる部分というのはあると思う。法定受託事務を3割から4割残したという意味は、例えば国勢調査は分権が望ましいのか。アメリカの昨年の大統領選挙をご覧になったと思いますが、ああいう全国レベルの大統領選挙を、分権に委ねますとどういうことになるかといえば、各州ごとに投票用紙は全部別で、投票は投開票のやり方も違って、これはやはり日本だとやれないでしょう。多分、そういうのは望ましいとはあまり考えないでしょう。効率も悪い。例えば国勢調査でも、国会議員の選挙でも、なるべくやはり統一的に処理した方がいいという部分が常に残るわけです。

ですから、分権化することにふさわしい行政領域と、集権化して処理した方が望ましい領域とあると思うので

す。これを全部、集権という物差しで今までくくってきたところに問題があるのでしょうけれども、分権化してみてふさわしくないところは、統一的にした方がいいという話は当然あるだろうと思うのです。日本でも。ただ、日本は、今始まったばかりですから、まずはこの多様化、迅速性、総合性というものを追求してみよう。

　三つ目に、自治体が変わる。つまり、分権効果として国と地方の関係が変わる、行政が変わる、自治体が変わる。自治体は国を見るよりも住民を見るのです。やはりニーズに沿った政策の立案をする。つまり、補助事業がつくから、まず予算をそこにつけるというものは、それはそういう制度の中ではそれしかなかったわけですが、そういう発想ではなくて、やはりマーケティングをきちっと行って、つまりニーズに沿った制度設計なり政策設計をやる。こういうふうに自治体が変わらなければいけない。国の顔色よりも、住民の顔色を見ながら行政をやらざるを得ないのです。もちろんその住民は完璧ではありませんので、住民の顔色といっても、住民にこびるだけでうまくいくとは思えませんけれども。やはり、きちっと説明しなければいけないところは、説明しなければいけないわけでありますけれども、自治体が身近な唯一の頼りになる政府と。つまり、末端行政機関という、こういう発想ではないです。第一の政府、最も身近な政府と。

　地域や暮らしが変わるというのは、それは例えば多様な町づくりが行われるとか、行政の目標というのは、住民の満足度の最大化なのでしょう。満足度というのは、地域ごとに違うのでしょうから。

　例えば、事務事業評価を行うというのは、何のために行うのだろうか。もちろん、無駄な仕事をなくするとい

う、そういう監査的な意味で行う部分もありますけれども、やはり満足度を図ってみようと。つまり、満足されないような行政も現実には行われているはずだ。今までやってきたからずっとやっているという仕事はたくさんあるわけでありまして、満足度が低いところはどういうふうに変えたら満足度が高まるのか、あるいはそもそもいらないのか。その種の選別をやるために、プラン・ドゥ・シーのシーのところで事務事業評価をやろうと、こういう話です。満足度を高めるための行政をやる。そのための前提としては、ニーズをきちっと把握しなければいけないのです。

　ですから例えば、企画課の中にマーケティングをやる調査班というのは、今まで自治体の中にあるかというと、ないのです。それは、世論調査ぐらいしかやっていないわけでありまして、世論調査もマーケティングとは思えるような方法ではないですね。ですから、マーケティング動力というのは、やはり商品を作る企業は必ずやっているはずですから、そういうものに学ぶしかないのではないでしょうか。つまり、厚生省が定めたとか文部省が定めたという基準でやるわけではないので、自分で基準を作るということは、そのベースになるのはマーケティングをしなければいけないわけでしょう。これは、やはり地域や暮らしが変わるというのは、その組織の作り方も変わらなければいけない。

　日本の場合、県の場合はまだ、もっと自治法を、例えば地方政府法とか地方自治基本法に変えなければいけないのでしょうけれども、今の地方自治法は細々と、例えば組織についても、県の場合は人口規模によって部の数まで決まっているわけです。市の場合はそこまで決まっていないので、ネーミングを含めて、名前のつけ方を含

めていろいろ工夫することが可能なのは、市であります。ですから行政組織の作り方も、市が変わることによって、多分、県も変わるのではないでしょうか。今までは国が変わると、例えば国土交通省になったから、建設省と運輸省が一緒になったから、土木と交通を一緒にしたとか、こういう県の行政組織の作り方しかできないわけです。

　ところが、市の場合は、ニーズをベースに組み立てることが可能なのです。今でも可能なのです。ですから例えば、助役を副市長と呼ぶ。県では副知事ですけれども、副市長と呼ぶというやり方もあります。これは皆さんにぜひ議論して変えていただきたいのですが、どこかが変えれば変わると思うのですけれども、例えば収入役というのがあります。県では出納長です。だけど、一般の国民から見ると、収入役というのは収入を上げる役ですから、多分、住民税だとかそういう固定資産税を集めている課のように思います。何も収入を上げていないわけでしょう。あれが例えば会計長だとか、出納長というのはいいです。

　もう一つ県の出納長の役割も特別職にしてありますけれども、財政全体をコントロールする機能を持たないと、出納管理だけをやっている時代ではないでしょう、今は、多分。例えば、予算の進行管理は一体どこがやるのか。もう一つ言うと、評価についても、まず執行機関の評価の部分について、出納長の機能のところで評価をしなければいけないでしょう、本来。つまり、財政のプラン・ドゥ・シー、予算編成をし、執行をし、決算を行うという、こういう一連の財政過程をどこがコントロールしているかというと、どこもコントロールしていないわけです。これは、あえて特別職として、例えば出納長を置くとか収入役を置くとしたら、そういう役割を持たせるか

●地方分権を吟味する──集権ではダメなのか

らこそ特別職なのでしょう。

　それで、収入役という名前はどう見ても、だれが昔つけたのか知りませんけれども、おかしいです、あれは。どこかで変えてほしいです。財務長でもいいです。会計長でもいいと思うのです。出納長というのは、やはり金銭処理にかかわりますので、財務長のようです。多分、英語でコントローラーと訳されてもいいでしょうし、副知事はバイスガバナーになっています。助役は何と訳しているかわかりませんけれども、やはりバイスメイヤーなのでしょう。副市長でいいのではないでしょうか。それは、上越とか京都市でやっていますけれども、法律上は（助役）と入れざるを得ないというのは、今は法律が変わっていませんのであれですけれども、それは国際標準で言いますと、やはり副市長です。アメリカへ行っても副市長は副市長です。

12 能力アップが課題

　もう一つ、私は申し上げますと、10万人規模以上の市においては、適正市の人口規模以上のところであえて申し上げますと、主要部長は全部特別職にすべきだと。権限と責任と任期を一体化して、それは助役さんたちと同じ特別職である必要はないので、例えば議会の承認人事である必要はないのですけれども、結局主要閣僚と同じで、それぞれの部門の最高責任者として仕事をしているわけで、ここはやはり緊張度を高めなければいけないのです。ですから、2年なら2年、これを更新するとして、その中でどういう仕事をきちっとしたかということを、もちろん議会でも説明できるような仕組みにしないとい

けない。これは、企業の重役制度そのものであります。やはり、重役、取締役会がキャビネットを作っているわけで、トップ・マネージメントの形成というのは、市長と特別職の助役、収入役で作っているというのは、やはりおかしいわけでありまして、一種の集団の、トップ・マネージメントの形成の仕方としては、主要6部長も特別職にして、一種の内閣一体の原則で動かすべきだ。これは、一種のいわゆる年功社会のゴールが部長だという、こういう弊害を取り除くために、必要なことだろう。

　それは、外との関係で風穴をあける意味でも必要だと。外から人を招く場合も、放出する場合も含めてです。これは特別職にしますと、定齢制がはずれてきますから、必ずそういう適齢期の人たちを部長に処遇しなければならないという話にはならないのです。

　やはり、こういうことは住民から見ると、大いに期待をしている話ではないかと思いますが、この地域や暮らしが変わると自治体が変わるという部分は、いろいろ工夫の仕方が、実はあるのではないか。そういうことを効果として期待している。

　自治体に問われる三つの側面という意味では、一つは自治体の能力です。自治体の能力と自治体の規模と、それから地域のガバナンス。問われる三つの側面というのは、自治体の能力と自治体の規模と、地域のガバナンス。地域の統治力と言ってもいいです。

　その自治体の能力といった場合、三つの能力が問われると思うのです。（図を参照）

　一つは政策能力です。二つ目は経営能力。実は議会は経営能力が問われるのではないでしょうか。つまり、首長だけが経営者であるというふうにはなっていませんから、首長と議会の二つの政治機関が経営責任を負うとい

●能力アップが課題

自治体の3つの能力

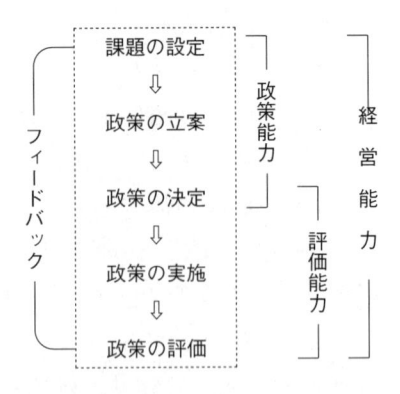

```
          ┌─ 課題の設定 ─┐
          │     ⇩      │
     ┌─   │  政策の立案  │ 政策能力 ─┐
     │    │     ⇩      │           │
 フィー   │  政策の決定  ─┘          │ 経営能力
 ドバック │     ⇩                    │
     │    │  政策の実施 ─┐          │
     │    │     ⇩      │ 評価能力 ─┘
     └─   └─ 政策の評価 ─┘
```

う仕組みでありますので、例えば自治体の議会に、与党がある野党があるという考え方は間違っているでしょう。そもそも、ないですよ、そんなもの。国の議院内閣制、イギリス型の議院内閣制を学習しすぎているがゆえに、与党がある野党があると言っているわけです。全く別でありますから、首長は直接選ばれているわけです。議員も直接選ばれているわけで、この二つの抑制均衡関係は、仕組み上はご存じのとおり、バランスをとるようになっているわけでありまして、それと住民との関係でも、バランスをとるようになっているわけでありまして、議会が鏡のように、われわれの民意を反映していないと思えば、議会の解散請求ができるようになっています。住民からは。首長がわれわれの代表としてふさわしくないと思えば、任期途中でもリコール請求ができるようになっています。

　同じように首長に対して、アメリカの大統領制の欠点があるとすれば、いわゆる二つの政治機関が対立したまま調整能力を失うわけですから、その場合に、例えば大統領に対して、連邦議会の不信認案を提出できる仕組み

になっていれば、調整能力を発揮できるのですが、それがないわけです。日本の地方制度は、実はそうした事態に陥ることを避けているわけでしょう。アメリカの大統領制度を基本としながら、かつ調整を発揮する場面として、イギリス型の議院内閣制的な要素を組み込んで補っているわけです。

　ところが、みんなイギリスの議院内閣制の国会と同じだと思っているのです。われわれが与党勢力で首長を支えるのだとか、野党勢力で批判をするのだという話にしかならないのです。そうではないのではないでしょうか。端的に申し上げますと、自治体の議会は全部野党でいいのです。考え方は。野党は全部反対野党だというのは、これは間違っていまして、別に野党は賛成もするわけです。ただ、もう一つ決定機関でありますから、それは条例とか予算の主要なものの取引きは、その自治体の議会が決定するわけですから、考え方によっては、議会の方が強いわけであります。主要な最終決定は議会の権限にあるわけです。これは野党だから全部反対するというわけではありません。それは、国会における野党というのは反対をする勢力でしょうけれども、自治体における議会が仮に野党という表現をしても、それは住民の視点から見て、やはり執行機関の提案がおかしいというなら、それは修正をしなければいけないわけでありまして、そういう役割を果たされることを期待しているわけでしょう。

　これは計算上、自治体の首長は、大体、有権者の4分の1で首長になれる仕組みになっています。例えば、投票率が5割で、51％、1対1の勝負の場合51％取ればいいわけでしょう。10万人の有権者のうち5万人が投票して、その内2万6,000票取れば当選できるようになって

●能力アップが課題

いるわけでしょう。これでよしとしているわけです。もし、制度を変えるとすれば、有権者の過半数の指示がなければ当選できない仕組みに変えるなど、何度も選挙をやればいい。そういう国もあるのです。日本の場合は極端な話、乱立をしたり、投票率が低かった場合は、10万人のうち1万人でも首長になれるという仕組みです。これは、特定の価値観を持った代表で、首長をやってもいいということを意味しているわけです。それを一体、だれが修正をするのかというのが、議会です。議会は万弁なく民意を、あるいは職層を反映することが望ましい。

⑬ 住民自治の改革課題

　そういう意味で、その第3次分権改革の話と関連して申し上げますと、今は非常に変形した状態です。例えば年配の方だけだとか、自営業者だけだとか、職を持たない方だけだとか、大多数が急速にサービス産業化したこの社会において、サラリーマン化しているわけですから、こういう方々が、一般的地方議会の議員をできないという仕組みは異常であります。もう一つ、年齢的に、例えば定数の中で30という定数があったら、例えば20代、30代、40代、50代、60代以上、年齢によって定数を定めるというやり方だって、鏡のように反映できるという意味では、男女比も含めて考えてもいいと思いますけれども。そういうことを期待しているのも議会なのです。そもそも。

　ですから、首長が特定の価値観で、行政をやろうとした場合に、きちっとそれを修正でき、きちっとした決定ができる議会であることを期待しているわけです。そう

いう意味では、国会の中から内閣を作り、与党勢力が内閣を支えるということを期待している制度では、全くないのです。ただ、身近な政府の作り方としては、多分、このアメリカ型大統領制の今やっているやり方の方がいいのです。問題は、運用です。オール与党だと言ってみんな首長を支えるなら、それは何の意味もなくなります。
　経営能力という意味で申し上げますと、やはり首長だけが経営責任を負うのではなくて、決定者は議会ですから、共同責任です。議会に与党勢力が責任を負うという話でもない。それは、野党だと思っている人たちも、当然、連帯責任です。これから出てきます。地域によっては、自治体の破綻、財政破綻。これは国が担保する時代であると思えませんから、破綻します。破綻の責任は、首長なのか議会なのか、両方の責任でしょう、多分。この種の議論というのは、やはり自治体の経営という概念を、初めてこれから真剣に議論されなければいけない時代なのでしょう。
　さらに応答能力です。自治体の能力という意味では、政策能力もそうですが、政策能力というのは設計能力ですから、経営能力は、特に財政の経営能力というのは、例えば借金をするのは今まで許可制度がありますから、議会にとっては不満だと思うのです。その地域の議会で決めたことを、例えば自治大臣が許可しなければいけないという、こういう制度自体が民主主義ではありませんから、ただ、それをはずすわけです。はずせというわけですからはずすわけですが、そうしますと応答能力という意味で、借金をして、例えば借金をすることに失敗をした結果について、アカウンタビリティーを果たすのは、一体だれか。最終的には議会が決定したとしますと、議会が問題なのでしょう。これは株主総会みたいな部分で

ありますから、株主総会が問題になります。

　そういう意味で、これからの財政運営というのは、多分、起債許可制度をはずすということは、信用力のない自治体は借金ができないのです。つまり、銀行から見て返済能力がないと思う自治体には、お金を貸さないのです。そういう意味では、資金の調達に非常に苦しむ自治体も出てくると思うのです。すでに府県のレベルでは、アメリカなどが格づけを始めていますから、例えば東京都がナンバーワンかというとそうではないです。東京都は、ナンバースリーぐらいでしょう。ABCのCぐらいのランクづけです。つまり、それぞれの自治体の財政状況というものを、外部の信用機関が調査に入ってきている。市の671のランクづけが始まると思うのです。それは、2006年からの起債許可制度廃止をにらんだ一つの動きです。

14　市町村合併に関する3つの視点

　自治体の規模という話になりますと、これは合併の論理とかかわる話ですが、やはり三つの議論をせざるを得ない。図示すると次のようになりましょう。

　一つは、市場の規模と申し上げていますが、マーケットの大きさとして、今までのように頼まれ仕事を処理するなら、大きくても小さくても一緒なのです。そのとおりにやればいいのですが、一定のマーケットの大きさがないと、例えば介護保険の運営ができるマーケットの大きさというのが、やはりあります。あるいは、清掃工場をきちっと維持管理できるマーケットの大きさというのはあるでしょう。火葬場についてもあります。そういう

市町村合併の適正規模

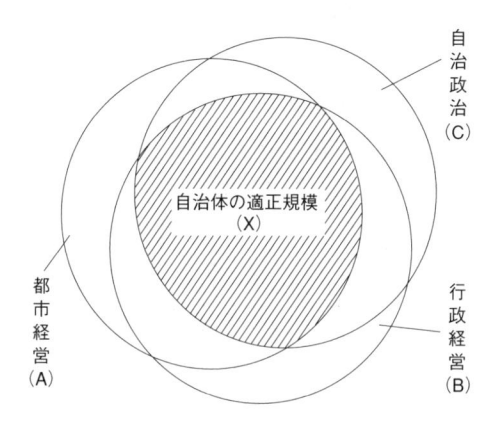

```
          自治政治(C)
    ┌─────┐
   ╱   ╲
  ╱ 自治体の適正規模 ╲
 │      (X)      │
  ╲   ╱
   └─────┘
都市経営(A)   行政経営(B)
```

マーケットの大きさ、これは市場の単位です。

　それから、これを需要側の単位だとしますと、もう一方、供給側の単位として、行政経営の単位。例えば人口が２万人の町で、200人の職員なのです。10万人の市で1,000人の職員です。600種類の仕事があるとします。行政の種類。200人で行っている町役場は、一人の職員が三種類の仕事を兼務して仕事をしているわけです。1,000人の職員がいる市役所では、1.6人で一種類の仕事をしているわけです。これから政策能力という意味では、プランという部分ですけれども、自分で三つのことをやるわけですから、設計能力が高まるかどうかということを考えたときに、三つの仕事を兼務しているのです。役場において設計能力が高まるかどうかでありますが、つまり、1.6人で一つの仕事をやっている役所と、一人の職員が三つの仕事を兼務している役所と、どちらが今後伸びるかという話。レベルと言います。

　あるべき姿、例えばこれは福祉でも地域でも結構でありますが、あるべき姿を描く。例えば10年後の、わが地

域の福祉のあるべき姿はXだと。それに対して現状の姿は、Yである。政策を形成するというのは、三つのことをやるわけです。自らあるべき姿を設定し、そして客観的な現状の姿を明らかにし、このギャップを明確にする。これが実は、問題であります。わが地域にある問題。例えば福祉の問題。何が問題かといえば、最初から問題があるわけではなくて、あるべき姿よりも現状の姿が低いレベルにあって、そのギャップが問題であります。例えば10年後、こういう姿であるべきなのに、現在はこういう姿だとしますと、10年間で公共として何をやればいいかといえば、このYというレベルをXというレベルに持ち上げることでしょう。それで、この問題を解決するために、どういう方法論、どういう政策手段が望ましいのか、それに必要な財政的な措置はどれぐらい必要なのかと、こういう話です。

　このあるべき姿と現状の姿、そしてそれを解決する方法論を、セットで用意するのが政策形成と言っているわけです。これは今まで国がやってきているわけでしょう。国の6万人体制の官僚機構が。国と言っても120万人がやったわけではなくて、霞ヶ関6万人がやっているわけです。その6万人の中で3万6,000人が、いろいろ問題があると言われる古い制度でありますけれども、キャリア組と言われる人たちです。若い時から、要するに制度設計なり政策設計にかかわって、政策マンとして育てている人たちです。ですから、そういうことを覚えるために、若くして県庁にも出向してくる。これは、問題だと言っていますけれども、設計屋さんであります。設計屋さんと職人というのは違いますから。設計図に基づいて建物を建てていくというのは、それぞれ部分部分の専門家が職人ですから。自治体は今まで職人の集団ですから、

設計図に基づいて部分部分の仕事をしているわけですけれども、この設計をやれるかどうかです。
　そうしたときに、例えば三つの仕事を兼務している、福祉もやれば農林もやり教育もやる、そこまでハチャメチャではないとしても、仮にそういう人たちの固まりでこういう設計をやれるような人が育つだろうか。もう一つは、専門性のレベルアップが図られるだろうかと考えますと、どうしてもやはり零細企業の味わう悲哀というのがあるわけです。
　一定の規模が要るだろうと、行政経営に。最低1,500人から3,000人ぐらいが望ましい。計算上はコスト的にも出てくるのですが、そうしますと自治体の規模としては15万人から30万人という数字が出てくる。これを過ぎますと、また上がってくる。効率が悪くなってくるのですが。市場の規模、マーケットの大きさとして、仮に15万人が望ましい。行政の供給側としても、専門性を高め、都市計画だとか福祉だとか情報処理の専門家までそろっていく規模として、やはり1,500人体制、15万人の背後人口が必要だ。
　もう一つは、皆さんの政治参加の単位です。2万人以下は、申し上げたとおり無競争当選が圧倒的だ。しかも、あまりにもフェイス・トゥ・フェイスの関係が強過ぎて、改革の議論はできない。一定の匿名性が要る。お互いに知らない関係というのが、一定の規模として。ただ、40万人を超えますと投票率はぐっと落ちてきますから、政治が遠くなる。そういう意味では、どうも15万から30万という単位にあるのかなというのが、政治のマーケットの大きさに関する議論ですけれども。
　そうしますと、この市町村合併の議論も、それはいろいろな地理的条件等々ありますから、計算上まとめるこ

とはなかなか難しいとしても、自治体のあるべき規模というものは、やはりありそうだ。それを掲げて再編の議論をすべきだと。

　地域のガバナンスというのはみんなで、つまり、自治体だけが公共問題の解決主体ではない。それは、NPOもあれば、青年会議所のような団体もあれば、いろいろな主体が地域の問題を解決する主体で、それは上下関係ではなく、相互に対等な関係として連携するということをガバナンスと言っているわけです。共治と言っているわけです。共に治める。官治というのは、自治体だけが、役所だけが治める。それに対して共治という言葉を使っているわけです。

　ですから、NPOを育てるのもボランティアを育てるのも、育てるという言い方自体が問題だと言われますけれども、しかし、住民が育てるとしますと、役所が育てるのではなくて、ボランティアを住民が育てるのも、NPOを育てるのも、役所を育てるのも、やはり公共問題という空間を解決する主体は多元的である。いろいろな主体が解決すべきで、例えば高齢者福祉も、役所だけが解決すればいいという話ではなくて、それはボランティアなりNPOの話が出てきたら、そこにお金を使うということもいいのではないか。そちらの方で解決能力があればです。これが最近始まった、いわゆるガバメントではなくガバナンスという議論であります。それは、住民から見ると受動的で批判的であるという主体から、参加とか共同という、こういう意識にかわらなければいかんと。こうい話なのでしょう。

15　政策自治体づくりが課題

　あとは皆さんのレジュメに書いた、今、政策形成の話は申し上げましたし、アカウンタビリティーの話も申し上げたのですが、政策自治体という言い方は、行政改革の大綱などで使っていただいている人もいますけれども、これは自慢を申し上げるわけでも何でもありませんけれども、私流のネーミングから始まったと見ておりますが、つまり、これまでの自治体は、これで最後にしますが、地域の政治機能と事務事業の具体的な執行機能、地域の政治体であり事業体である。これがある意味では、集権時代の古い時代の自治体像、自治体モデルです。これを二機能時代、二つの機能を持っている自治体の時代です。

　それに対して、これからの自治体は、三機能時代、地域の政治機能と、地域の政策の立案機能と、それから地域の政策を事業化していく事業体です。政治体であり、政策体であり、事業体である。それで、新しい機能が政策体という側面が入ってくる。これをどう育てていくかです。あるいは、組織としてどう作り上げていくか。

　案の設計をする政策体に対して、決定をするのが政治体です。それを執行するのが事業体です。二元代表制でいいますと、議会の役割というのは、基本的には政治体です。もちろん皆さんが政策を設計するという役割があるとしても、主要な役割は、やはり決定の役割です。それに対して、案を作り、同時に執行していくというのが執行機関の役割です。ですから、膨大な官僚機構を持っている首長側の役割と、こういう話であります。ただ、

この政治体は何度も申し上げているように、決定をしなければものごとは進まないわけでありまして、決定をしたところの経営責任というのは、極めて大きいわけであります。

実は、こういう二機能時代の自治体を事業自治体と、こういうふうに呼ぼうと。つまり、事業官庁の役割を中心とした自治体、これを事業自治体。それに対して、政策官庁の役割を持つ自治体を、政策自治体。例えば、皆さんのところで、行政改革と、広く政治を含めて申し上げるなら、自治体改革と言ったときに、どういう自治体像を掲げるか。それは、事業自治体からいかに政策自治体に脱皮をしていくかということが、改革の主要なテーマなのでしょう。

自治体の構造改革についてまとめると表のようになる。

自治体の構造改革

```
Ⅰ  量的改革の面（「事業体」の改革）
  ① 自治体の減量化策
  ② 行政需要の（発生）抑制策
  ③ 公・共・私の役割見直し
Ⅱ  質的改革の面（「政策体」の構築）
  ① 政策形成力の向上策
  ② 政策マンの育成策
  ③ 政策在庫の蓄積策
Ⅲ  住民自治の面（「政治体」の改革）
  ① 議会代表制の見直し
  ② 首長・議会関係の再構築
  ③ 住民の直接参加の促進
```

例えば、人材育成も、事業マン中心の人材から、政策マンをどう作っていく。そのためには選別投資が必要であるかないかです。あるいは、議会の委員会制度も、政策自治体にふさわしい委員会制度というのは、どういう委員会制度なのだろうか。あるいは、公聴会の制度でも、どういう制度が望ましいのか。

　あるいは監視機能を強化する、批判機能を強化するといったときに、監査員等々の話も含めて、例えば議会に秘書制度はないのです。国会しかないのです。例えば、専門委員というのは自治法上認められている制度なのです。専門委員制度を議会に大幅に導入していけば、議員の方々は、それぞれ議員は基本的に素人でいいわけですから、アマチュアの集団でいいわけです。ただ、アマチュアがアマチュアに留まりますと、プロフェッショナルな中身について批判能力もなかなか高まってきませんので、そこにプロフェッショナルな機能を入れるといったときに、秘書制度がないとすれば、秘書制度も国会の場合は、はがきを書いたり、陳情、請願の受け皿で、なかなか第三秘書として政策秘書制度を作りましたけれども、参議員、衆議員の政策秘書の研修会も行きますけれども、あれもインチキですね。いや、博士号を持ったからどうのこうのという制度で最初はやっていたのですが、だんだん、私設秘書を10年やった人とか、何か経験年数で。例えば、あなたはというと、某参院議員の秘書だと。そうすると60を過ぎたおじいさんがやって来るのです。長年私設秘書をやって、今度公設秘書として処遇しなければいけない。そうしたとき、この研修を２週間受けてやるのです。参議員の公設秘書のための研修を。それで、レポートを書けば、それで合格だと。これが圧倒的になってしまったのです。専門家を入れようとした

制度なのですけれども、しかも給与は高いです。第一秘書と同じぐらいの給与を払っているわけです。ただ、ベテランの処遇だというのがどうしても多い現実なのです。

ですから、秘書制度を入れるのがいいとは思いませんが。地方議会の場合です。専門委員制度を活用して、専門性を、例えば福祉のグループだとか、都市計画のグループだとか、教育文化のグループだとか、それを活用して入れることによって、議員さんのアマチュアの良さがあるわけですから、アマチュアは要するにバランス感覚をきちっと持って評価できるということです。これでいいわけですが、専門性を高めるためには、執行機関から質問を作ってもらって、答弁を引き出してやるという儀式をやるのではなくて、やはり質問は自分たちが作っていくといったときに、プロフェッショナルな集団を使うということをやらないと。

さらに、共同で使うというのもいいのでしょう。広域市町村圏で抱えるというのでもいいです。いくつかの議会が連携してプロ集団を抱えるという形でもいいわけですから、そういう形で補って、この政治機能を高めていく。それも自治体改革の一つでしょうから、政策自治体を作っていくというのは、当面はここの話のように見えますけれども、ここの話でもあるのです。

こんなものが、理屈らしい理屈を作っていくとすれば、つまり従来の地方自治論だとか、その種のものに書かれていない、いわゆるこれからの自治体の政治学だとか行政学という議論をしようとしますと、こんな切り口があるのかというようなことを、一生懸命、今、私はやっているところでありまして、それ以外のテーマとして、第三番目に、今ずっと申し上げてきたことでありますけれ

ども、行政は官独占ではないということです。いわゆるガバナンスの議論としては、共同のパートナーというものを、やはりお互い育てなければいかんと。開かれた自治体という意味では、それは執行機関もそうですが、議会も開かれた議会づくりというものを目指さなければいかん。たまには、アマチュアの集団にプロを入れていくという工夫も要るだろうと。

　さらに、人材をどう育てるか。自治体の幹部職員は特別職にしたらどうかというお話を一つ申し上げましたけれども、もう一つ、やはり民間の会社経営を見ると、もう終身雇用型の職員というのをそんなに採っていないのです。それは、別にパートの安い労働力を使えという意味ではなくて、例えば有期職員。５年とか10年契約で、専門家を雇えばいいのです。専門家と言っても、それほど高度の専門家ではなくて。

　例えば、東京の方はおられますからご批判あるかもしれませんが、この前座談会で、「第一次分権改革をめぐって」という『地方財務』という座談会の８月号が、まもなく出てきますが、栃木県の福田知事とそれから東京武蔵野市長の土屋さんと、元島根県知事の恒松さんと私の４人で座談会をやったのですが、そこで武蔵野市長いわく、あそこも給与が高く、もともと退職金をたたいて市長になった人ですから、給与には非常に反応する。自分の給与袋も出してやっていましたけれども、安い給与しかもらっていない、確かに。マンションにしか住んでいないと言っていましたけれども。こうだと。

　つまり、1,000万円プレーヤーが非常に多いと。確かに高度成長の時代に採用した人が団塊の世代ですから、私などもそうですけれども、みんな1,000万円プレーヤーだと。つまり、年俸で換算すると1,000万円以上だと。

1,000万円プレーヤーをどんどん出して、300万円から400万円プレーヤーをどんどん入れる。例えば、中高年だとか子育てが終わった方々が、自治体に入って仕事をしたい人たちがたくさんおられるのです。1,000万円プレーヤーを出して、300万円、400万円プレーヤーを、例えば一人出すことによって3人雇える。それは、単純に1出して、3入れたから同じ1に戻るかというと、行政の生産性としては3倍になるとは言わないけれども、2倍にはなると言っているのです。つまり、本当に働きたい人を雇うと、そこにパワーがあるわけで、その人たちによって生産性は2倍に上がる。

　したがって、自治体経営はこの種の、単純に今、100万円以上はパートタイマーでどうのこうのという話ではなくて、300万円、400万円の年俸で働きたい人はたくさんいるわけで、そういう人たちを、例えば5年契約だとか、こういう有期職員として雇う。こういうことをやるのが自治体ではないか。それは、生活者感覚でサービス産業ですから、単純労働部分が非常に多くて、何も22歳から新規採用を入れてずっと終身雇って、これが専門家だと言う必要はないのではないか。そういう人たちは極力押さえて、多様な雇用形態を目指すべきだと主張していましたけれども、私もそういうふうに思います。

　同時に、やはりアウト・ソーシングを進める。派遣社員制度も使うし、単なる委託だけではなく、やはりアウト・ソーシングとして外を使うものは使う。ただ、計画を作るとか主要な企画をアウト・ソーシングしていきますと、魂まで売るわけですから、こういうところはやはり売ってはいけないでしょうね。逆に、今まではそこを売ってきましたから。計画を作らないからと言って、みんな民間のシンクタンクに作らせていたという。それが

政策能力が育たなかった原因でもあるわけですから、そういうものは売らないとしても、相当いろいろな分野が発達していますから、そういうところはなるべくアウト・ソーシングして、民間の経営と同じように、安くするべき部分は安く、物事をしていかなければいかんだろうと。その人材経営の発想というのは、そういう意味であります。いろいろな人材をいろいろな工夫で迎える時代ではないかと。

　さらに、私は、個別の自治体が職員を採用する時代も、一定規模以下のところはもう終わったのではないかと。例えば、広域市町村単位で採用し、人事異動したらどうかと。この方が、多分いろいろな意味でお互いに競争も生まれますし、広く仕事ができるわけで、これを広域職員という考え方で行っていけば、直ちに合併だという議論をしなくても、人材の面ではカバーできるのではないか。それを、例えば人材広域圏という呼び方でもいいのではないか。いや、これに共鳴する人たちは結構多いです。なぜなら、うちは福祉の専門家は採れない、それは保母さんと何とかを採ったら目いっぱいだというのが、特に町村などはそうですから。都市計画をやれといってもできない。福祉の専門家といってもなかなか採れるわけでもない。そうしますと、1,000人とか1,500人規模になるような人材広域圏を形成すれば、それをやれるのです。それを一定程度、人事異動で回していきますと十分可能なのです。そのやり方が。

16 人材育成の提案

　そんなことも、いちばん新しい『自治体の公共政策入門』という私の本に、15の提言として書かせていただいておりますので、時々、過激な話もありますけれども。研修は全部夜やれとか、土日にやれとか。例えば新人研修を1か月もやっているような自治体はつぶれるとか、体験上申し上げているわけです。

　ある県庁に行きますと、新規採用するではないですか、大卒から高卒まで。今はもう採用人数が少ないですから、一括まとめてやっていますが、1か月ぐらいやっている。給料日が15日だとします。16日に外部の先生を招いて講演だなんて、行くでしょう。目が死んでいます。きのうは飲み過ぎてです。楽で楽で仕方ないのですね。1か月研修だと。研修だけやって、給料をもらった翌日の顔なんていうのは、自治体はこんなものかと思ってしまうのではないでしょうか。研修などは2日ぐらいで、時々やるのはいいです。昔から長くやっている、特に県の話ですが、長くやる研修などはやめて、それは文書の書き方から起案の仕方から全部、先輩が教えるというやり方をしますけれども、そんなものはまとめてやるのではなくて、職場で教えればいいわけでして、職場で教える人をちゃんと半日研修すればいいのです。それは係長の仕事だろうと。こんなもの、会社は当たり前の話でありまして、それを制度上、昔の自治体学校方式で長々とやっているという、こういう時代では多分ないのではないか。同時に、住民のサービスに影響を与えないという意味では、土日とか夜間に研修をやるというのは、民間の企業

はやっているわけでありまして、それが超過勤務だという発想もどうかなと。組合もその対応はどうかなと。

人事政策について私は次の12の提言をしたいと思います。

人材経営への提言12

①自治体職員にFA宣言が可能な制度を創設したらどうか！
②職員の採用試験は広域市町村単位で行い、広域職員として人事を扱え！
③すべての自治体で、管理職、監督職に昇任試験を実施すべきである！
④自治体の主要幹部職員に特別職制度（重役制）を導入すべきである！
⑤職員のボーナスの半分は業績主義に基づいて配分せよ！
⑥職員（幹部を含む）の異動に自己推薦制を大幅に認めるべきである！
⑦自治体職員の雇用形態を多様化すべし ── 派遣社員制度の利用、有期職員（特任制）、パートタイマー（A～E）の積極活用を！
⑧幹部クラスに役職定年制、執行役員制、年俸制を導入し、経営機能を高めよ！
⑨職員の意識改革、人材育成はトップの責任において行うべし！
⑩職員研修は平等主義から、投資効率重視の重点主義へ大きく転換すべし！
⑪職員の意識改革と、プロ意識の高い政策マン養成をめざせ！
⑫高度な専門職・管理職育成に向け、大学院教育とキャリアアップの仕組みとを結びつけよ ── 自治体学修士、博士の資格創設も急げ！

つまり、世の中の95％は民間の方々ですから、民間の方々が納税者で大部分を納めているわけですから、その常識に合わないものは、結局は、オープンにしていけばいくほどはずされていくわけですから。それを、官の常識は民の常識に合わせるというのは当然でありまして、私はやはり、民の常識から見て官の常識が非常識なものは、最終的には直さざるを得ない。それは、予算消化と

いう考え方もそうだろうと。そういう、多少過激なことも書いてありますけれども、多分、そういうふうに変わっていかざるを得ないのではないかというのが、自治体体験者の意見でありますけれども。

ちょっと質問の時間を少なくしてしまいましたけれども、以上で終ります。ありがとうございました。（拍手）

●著者紹介

佐々木信夫（ささきのぶお）

中央大学大学院教授（法学博士）。

1948年生まれ。

早稲田大学大学院修了。東京都庁勤務を経て89年聖学院大学教授、94年から中央大学教授。

00〜01年米国カリフォルニア大学客員研究員。

専門は行政学、地方自治論。日本都市学会賞、NHK地域放送文化賞受賞。

●主な著書

『自治体の公共政策入門』（ぎょうせい）

『現代行政学』（学陽書房）『都庁』（岩波新書）など多数。

コパ・ブックス発刊にあたって

　いま、どれだけの日本人が良識をもっているのであろうか。日本の国の運営に責任のある政治家の世界をみると、新聞などでは、しばしば良識のかけらもないような政治家の行動が報道されている。こうした政治家が選挙で確実に落選するというのであれば、まだしも救いはある。しかし、むしろ、このような政治家こそ選挙に強いというのが現実のようである。要するに、有権者である国民も良識をもっているとは言い難い。

　行政の世界をみても、真面目に仕事に従事している行政マンが多いとしても、そのほとんどはマニュアル通りに仕事をしているだけなのではないかと感じられる。何のために仕事をしているのか、誰のためなのか、その仕事が税金をつかってする必要があるのか、もっと別の方法で合理的にできないのか、等々を考え、仕事の仕方を改良しながら仕事をしている行政マンはほとんどいないのではなかろうか。これでは、とても良識をもっているとはいえまい。

　行政の顧客である国民も、何か困った事態が発生すると、行政にその責任を押しつけ解決を迫る傾向が強い。たとえば、洪水多発地域だと分かっている場所に家を建てても、現実に水がつけば、行政の怠慢ということで救済を訴えるのが普通である。これで、良識があるといえるのであろうか。

　この結果、行政は国民の生活全般に干渉しなければならなくなり、そのために法外な借財を抱えるようになっているが、国民は、国や地方自治体がどれだけ借財を重ねても全くといってよいほど無頓着である。政治家や行政マンもこうした国民に注意を喚起するという行動はほとんどしていない。これでは、日本の将来はないというべきである。

　日本が健全な国に立ち返るためには、政治家や行政マンが、さらには、国民が良識ある行動をしなければならない。良識ある行動、すなわち、優れた見識のもとに健全な判断をしていくことが必要である。良識を身につけるためには、状況に応じて理性ある討論をし、お互いに理性で納得していくことが基本となろう。

　自治体議会政策学会はこのような認識のもとに、理性ある討論の素材を提供しようと考え、今回、コパ・ブックスのシリーズを刊行することにした。コパ（COPA）とは自治体議会政策学会の英語表記Councilors' Organization for Policy Argumentの略称である。

　良識を涵養するにあたって、このコパ・ブックスを役立ててもらえれば幸いである。

自治体議会政策学会　会長　竹下　譲

COPABOOKS
自治体議会政策学会叢書
分権時代の政策づくりと行政責任

発行日	2002年4月15日
著　者	佐々木 信夫
監　修	自治体議会政策学会Ⓒ
発行人	片岡 幸三
印刷所	今井印刷株式会社
発行所	イマジン出版株式会社

〒112-0013　東京都文京区音羽1-5-8
電話 03-3942-2520　Fax 03-3942-2623
http://www.imagine-j.co.jp

ISBN4-87299-289-X　C2031　￥900E
乱丁・落丁の場合は小社にてお取替えいたします。

[自治体議会政策学会叢書]

COPA BOOKS コパ・ブックス

●最新の情報がわかりやすいブックレットで手に入ります●

分権時代の政策づくりと行政責任
佐々木信夫（中央大学教授）著
- ■分権時代の国と地方の役割、住民の役割を説き、「政策自治体」の確立を解説。
- ■地域の政治機能・事務事業の執行機能に加え、今問われる政策立案と事業機能を説明。　　□A5判／80頁　定価（本体価格900円＋税）

ローカル・ガバナンスと政策手法
日高昭夫（山梨学院大学教授）著
- ■政策手法を規制・経済・情報の3つの類型で説明。
- ■社会システムをコントロールする手段としての政策体系がわかりやすく理解できる。　　□A5判／80頁　定価（本体価格900円＋税）

自治体議員の新しいアイディンティティ
持続可能な政治と
社会共通資本としての自治体議会

住沢博紀（日本女子大学教授）著
- ■政治や議会が無用なのか。政党と自治体議会の関係はどのようにあるべきかを説く。新たな視点で自治体議員の議会活動にエールを送る。
□A5判／80頁　定価（本体価格900円＋税）

自治体の立法府としての議会
後藤仁（神奈川大学教授）著
- ■住民自治の要として、自治体の地域政策の展開が果たす役割は大きい。立法府としての議会はどのように機能を発揮すべきか。議会改革のポイントを説く。□A5判／80頁　定価（本体価格900円＋税）

●お申し込み●

イマジン情報センター　〒102-0013東京都千代田区麹町2-3-9-501
　　　　　　　　　　　TEL.03(3221)9455／FAX.03(3288)1019
イマジン出版　〒112-0013東京都文京区音羽1-5-8
　　　　　　　TEL.03(3942)2520／FAX.03(3942)2623

イマジンホームページ http://www.imagine-j.co.jp/